intensiv erzählt

Kim Nattkamp

intensiv erzählt

Originalausgabe April 2013

© 2013 Kim Nattkamp

Herstellung und Verlag:
BoD – Books on Demand, Norderstedt

ISBN: 978-3-7322-3856-9

Ich kämpfte viele Male gegen den Tod, gegen Vorgesetzte, gegen Kollegen, gegen Dinge die so waren wie immer. Ich kämpfte gegen mich.

Ich verlor viele Male, rappelte mich auf, kämpfte erneut und verlor auch dieses Mal wieder. Vor allem gegen den Tod. Irgendwann habe ich aufgehört zu zählen wie oft es war.

Nun habe ich meinen letzten Kampf gekämpft und habe erneut verloren.

Aber in diesem Kampf verlor ich mich.

Nebel,

überall Nebel, ich fühle mich wie in Watte gehüllt, kann weder rechts noch links gucken. Ich gehe geradeaus, einfach nur geradeaus, weil ich keine andere Richtung sehe. Mein Körper fühlt sich schwer an, meine Arme hängen einfach herab, mein Kopf ist schwer, ich kann nicht klar denken.

Geh weiter, geh einfach weiter, ist der einzige Gedanke den ich denken kann. Wenn ich nicht weitergehe, komme ich hier nie wieder raus, der Nebel wird mich gefangen halten, ich werde hier stecken bleiben.

Geh weiter! Meine Augen werden müde und schwer, ich möchte sie schließen.

Lass deine Augen geöffnet, du musst sehen wo du lang läufst, sonst verlierst du dich und findest nicht mehr raus. Lass deine Augen geöffnet und geh weiter, einfach geradeaus.

Geh weiter! Meine Beine werden schwer, ich schaffe es kaum einen Fuss vor den anderen zu setzen, als hätte sie mir jemand mit Blei gefüllt. Heb deine Beine an, geh weiter, nicht stehen bleiben, du musst weiter, immer einen Fuss nach dem anderen, geh weiter, immer geradeaus!

Die Stimme in meinem Kopf treibt mich weiter an. Eigentlich will ich nicht mehr, ich möchte mich einfach hier hinlegen und schlafen, möchte die Müdigkeit die Überhand gewinnen lassen, möchte hier im Nebel liegen bleiben, möchte, dass er mich umschließt.

Geh weiter! Du darfst hier nicht stoppen, wenn du einmal schwach wirst, findest du hier nicht mehr raus. Geh weiter, immer weiter, konzentrier dich!

Ich merke wie die Schwere in meinem Körper zunimmt, meine Schritte werden kleiner, meine Augenlider schließen sich langsam, mein Herz fängt an zu rasen, mir wird schwindelig, meine Beine sacken zusammen. In dem Moment in dem ich falle, höre ich sie, die Stimme in meinem Kopf, die mich anzutreiben versucht. Geh weiter, steh auf, du darfst hier nicht liegen bleiben!

Aber diesmal nützt alles rufen, alle Motivation nichts mehr. Ich kann nicht mehr, ich bleibe liegen.

Ich falle in einen traumlosen Schlaf und merke wie mich der Nebel umschließt und ich mich diesem Gefühl gerne hingebe. Kraftlos, erschöpft bleibe ich liegen, genau hier an dieser Stelle, genau zu diesem Zeitpunkt, genau hier geht es für mich nicht mehr weiter.

Ich bin am Ende meiner Kraft angekommen.

Frühdienst.

Ich betreue heute ein Patientenzimmer
mit zwei Betten. Auf der Station ist heute
wieder die Hölle los. Wir sind zu dritt vom
Pflegepersonal, zwei Ärzte, insgesamt elf
Patienten.

Ich bekomme die erste Patientin vom
Notarzt. Die Frau ist zu Hause bewusstlos
aufgefunden worden, gestürzt, hat dort
wahrscheinlich 48 Stunden gelegen, Verdacht
auf Hirnblutung. Sie ist 60 Jahre alt, hat eine
Tochter, lebt alleine.

Bei der Patientin werden alle erforderli-
chen Untersuchungen durchgeführt, der

Verdacht bestätigt sich. Die Patientin hat eine ausgeprägte inoperable Hirnblutung.

Wir informieren die Tochter, sie möge bitte kommen, ihre Mutter liegt im Sterben.

Bei der Patientin kann ich nichts mehr tun. Sie wird in den nächsten Stunden versterben. Wir werden es nicht verhindern. Ich muss mich von ihr abwenden, mich von ihr trennen, sie dort liegen lassen.

Die nächste Patientin kommt unter Reanimationsmaßnahmen auf den noch freien Platz nebenan. Beide sind nur durch einen Vorhang getrennt. Ich muss schnell umdenken, mich von dem ersten Schicksal lösen, ganz für das Neue da sein.

Eine Frau, auf der Straße umgefallen, Herz-Kreislauf-Stillstand. Eine verheiratete, rüstige Dame Mitte 70. Der Ehemann wartet draußen vor der Tür.

Wir reanimieren, beatmen, spritzen Medikamente, versuchen dieses Leben zu retten. Für einen Moment sieht es gut aus.

Ich gucke kurz hinter den Vorhang, die Herzfrequenz der ersten Dame fällt, die Tochter ist noch nicht da, ich kann mich nicht zu ihr setzen, ihre Hand halten. Meine Kollegen haben auch keine Zeit. Die zweite Dame fällt wieder ins Kammerflimmern. Wir müssen erneut reanimieren.

Während der Reanimation höre ich, wie nebenan der Alarm für die Asystolie ertönt, ihr Herz hat aufgehört zu schlagen. Ich gehe hin, um wenigstens den Alarm zu löschen und ihr kurz die Hand zu drücken. Sie ist tot, ihre Tochter ist leider noch nicht da, sie kommt von weiter her. Es tut mir leid, aber ich muss wieder rüber.

Wir reanimieren weiter, tun was möglich ist. Erneut haben wir sie wieder, für einen Moment sieht der Zustand stabil aus.

Mittlerweile ist es 12:50 Uhr, seit gut drei Stunden bin ich in diesem Zimmer. Ein Leben haben wir bereits verloren, für das zweite sieht es ebenfalls nicht besser aus.

Inzwischen ist die Tochter eingetroffen. Zu spät um sich von ihrer Mutter zu verabschieden, sie möchte sie trotzdem kurz sehen und kommt ins Zimmer, setzt sich zu ihrer Mutter, hält ihre Hand und weint.

Hinter dem Vorhang stehen wir, versuchen einen Moment der Ruhe zu schaffen, aber es gelingt uns nicht, der Monitor zeigt nun auch hier die Asystolie an. Ein erneuter Versuch die Dame zu retten. Wir schaffen es nicht. Auch dieses Leben ist vorbei. Der

Ehemann steht immer noch vor der Tür, einer muss es ihm sagen. Der Arzt geht raus, spricht mit ihm, er möchte seine Frau sehen.

Ich versuche schnell das Chaos zu beseitigen, seine Frau friedlich aussehen zu lassen, die Tochter nebenan in ihrer Trauer nicht zu stören.

Der Ehemann kommt, in Begleitung des Arztes. Ich warte im Zimmer, drücke ihm die Hand, sage nichts, lasse ihn dann mit seiner Frau alleine.

Ich gehe aus dem Zimmer, welches ich seit dreieinhalb Stunden nicht verlassen hatte. Ich fühle mich leer. Ich sehe meine Kollegen. Die Spätschicht ist da. Ich nehme nicht an der Übergabe teil, habe niemanden zu übergeben. Meine Patienten sind tot.

Ich gehe in unseren Aufenthaltsraum, brauche für einen Moment die Ruhe und das Alleinsein, denke über das nach was heute Vormittag passiert ist, versuche mich abzulenken. Kurz darauf stehen meine Kollegen im Türrahmen, es ist 13:30 Uhr. Für heute habe ich Feierabend.

Nachtdienst.

Er war noch keine 40 Jahre alt als er beschloss sein Leben für sich und seine Familie zu ändern.

Er wog über 200 kg als er entschied, sich einer Magenverkleinerung zu unterziehen, um abnehmen zu können, um wieder aktiv am Leben teilzunehmen und seine Kinder erwachsen werden zu sehen. Er wollte damit etwas Gutes für sich tun.

Er hatte sonst keine Vorerkrankungen, aber allein dieses Gewicht und die damit verbundenen Risiken waren Vorerkrankung genug.

Als er das erste Mal nach der Operation zur postoperativen Überwachung auf unsere Intensivstation kam, ging es ihm sehr gut. Wir wunderten uns alle darüber, wie beweglich ein Mensch trotz dieses starken Übergewichtes sein kann. Am nächsten Morgen wurde er auf die Normalstation verlegt.

Einige Tage später musste er wieder in den OP. Es war zu Komplikationen gekommen, wie sie jederzeit bei einer solch großen Operation auftreten können.

Während der Operation stellte sich heraus, dass der Zustand des Patienten doch schlechter war, als vorher erwartet. Er kam in einem kritischen Zustand, nachbeatmet zu uns auf die Station.

Zunächst ließ sich sein Zustand stabilisieren, aber schon am nächsten Tag verschlechterte er sich zusehends. Er konnte nicht mehr selbständig atmen, musste mit Medikamenten beruhigt werden, sein Kreislauf war nicht mehr zu stabilisieren.

Wir reanimierten ihn lange, schöpften all unsere Möglichkeiten aus.

Er verstarb gegen 21 Uhr in meinem Nachtdienst.

Er hinterlässt eine Familie und seine Zukunft.

Als dies geschah war ich 23 Jahre alt, betreute den Patienten über die letzten drei Nächte nach der zweiten Operation.

Es war die Aufgabe der Dienst habenden Ärztin seiner Frau, die kaum älter war als ich, die Nachricht zu überbringen. Gemeinsam begleiteten wir sie zum Sterbebett ihres Mannes und versuchten ihr beizustehen.

Sie wurde begleitet von ihren nächsten Angehörigen, die vor lauter Verzweiflung, Trauer und Unverständnis, ihre Wut an uns ausließen und uns vorwarfen nicht genug für ihn getan zu haben!

Keiner von ihnen weiß, wie wir um ihn gekämpft und nach verlorener Schlacht an seinem Bett getrauert haben.

Wir sind keine herzlosen Wesen, die solche Situationen ohne Regung an sich vorüberziehen lassen können. Wir wissen welches Schicksal an diesem Tod hängt.

Allerdings kann ich meine Gefühle nicht immer nach außen zeigen, um den Angehörigen eine Art Sicherheit und Stabilität geben zu können, die ich ihnen nicht zusichern könnte, wenn ich gleichzeitig mit ihnen Tränen vergießen würde.

Meine Tränen fließen zu einem anderen Zeitpunkt.

Mein ganzes Mitgefühl ging in dieser Nacht an die Familie dieses Patienten, dessen Geschichte mich wahrscheinlich nie ganz loslassen wird.

Dafür war er einfach zu jung!

Anwesenheitsbereitschaft.

21 Uhr, ich komme in das Bereitschafts-
dienstzimmer. Ich war den ganzen Tag im
OP, seit 7:30 Uhr. Jetzt möchte ich nur noch
was essen und ins Bett. Das Bett muss noch
bezogen werden, in der Zeit macht mir die
Mikrowelle mein Essen warm.

22:30 Uhr, ich falle müde und kraftlos in
einen unruhigen, halb wachenden Schlaf,
wie immer im Dienst. Hoffentlich ist es jetzt
ruhig bis morgen um 7:30, dann kommt die
Ablösung.

00:00 Uhr, das Telefon klingelt, die Intensivstation, sie brauchen Blutkonserven für
einen Patienten. Ich bin völlig gerädert, ziehe

mich an und gehe ins Blutdepot, zwei Etagen tiefer. Ich nehme die Treppe, Aufzug dauert zu lang. Meine Füße tun weh. Ich nehme die gewünschten Konserven, erledige die dazugehörige EDV und bringe mein Päckchen auf die Intensivstation. Zwei Etagen wieder rauf, über die Treppe.

00:30 Uhr, es geht wieder in mein Zimmer. Hose aus, Brille ab, das T-Shirt lasse ich lieber an, geht dann im Notfall schneller. Ein kurzer Blick auf die Uhr zeigt mir, noch 7 Stunden, dann ist es vorbei. Ich falle in einen traumlosen Schlaf, den ich nur zu gut von der Arbeit kenne. Erholsam ist das nicht.

03:00 Uhr, das Telefon klingelt, der Anästhesist, ganz kurz angebunden, es muss ein Notfall sein, er sagt nur „Ich brauche dich in der Ambulanz, schnell." Während des Telefonats sitze ich bereits und bin dabei mir die Hose anzuziehen, jetzt noch die Brille und Schuhe. Den Notfallwagen nehme ich lieber mit, man kann ja nie wissen. Während ich zum Aufzug laufe bändige ich noch schnell meine Haare zu einem Zopf, zum kämmen ist keine Zeit. Zum Zähneputzen leider auch nicht. Im Aufzug versuche ich den Schwindel zu vertreiben, der mich jedesmal packt wenn ich schnell aufstehe. Ich überprüfe ob ich alles dabei habe, innerlich bereite ich mich auf alle möglichen Situationen vor, mein Puls rast, der Schwindel vergeht langsam.

Vom Aufzug renne ich in die Ambulanz, ich sehe Angehörige im Warteraum auf und ab gehen. Ich frage den Pfleger nur „Welches Zimmer?"

Als ich die Tür öffne geschehen viele Sachen gleichzeitig, innerhalb von ein paar Sekunden. Jetzt muss ich die Situation zügig einschätzen, mir einen Überblick verschaffen. Ich sehe ein Bett, ein Mensch liegt darin, die Haut fahl, grau und schweißig, ob Mann oder Frau kann ich in dem Moment nicht sagen. Die Internistin steht am Kopfende, der Mensch wird mit Ambubeutel beatmet, der Defibrillator mit EKG ist angeschlossen, der Anästhesist legt gerade einen großen venösen Zugang, die Ambulanzschwester hilft ihm. Ich trete ein und schließe die Tür. Jetzt bin ich wach, meine Sinne sind geschärft, mein Puls rast.

Ich frage was ich tun kann, Adrenalin aufziehen und spritzen, die Patientin hat starke Herzrhythmusstörungen, jetzt eine Asystolie, Herzdruckmassage, dann Kammerflimmern, sie muss mehrfach defibrilliert werden. Die Patientin hat einen ausgeprägten, akuten Herzinfarkt. Sie atmet nicht mehr selbst, wir müssen intubieren, Tubus und Laryngoskop vorbereiten, Medikamente spritzen, intubieren, drin, blocken, überprüfen, beatmen, fixieren, der Atemweg ist jetzt gesichert. Wieder Herzrhythmusstörungen, das Ganze von vorne. Nach ein paar Minuten ist sie stabil, sie hat einen suffizienten Herzrhythmus.

Die Patientin muss zur Weiterbehandlung verlegt werden. Der Notarzt wird informiert, die Internistin spricht mit den Angehörigen. Jetzt sind ein paar Sekunden zum durchatmen. Der Behandlungsraum sieht chaotisch aus, überall stehen Geräte, die Medikamente liegen bereit, der Notfallkoffer liegt geöffnet an der Seite. Aber der Zustand der Patientin ist stabil, nicht gut, aber stabil. Da kommt der Notarzt. Innerhalb kürzester Zeit ist die Patientin umgelagert, gesichert, die Übergabe an den Notarzt erfolgt, die Patientin auf dem Weg in ein anderes Krankenhaus. Die Angehörigen fahren hinterher. Jetzt ist die Ambulanz wieder leer. Wir werden nicht mehr gebraucht und können einpacken. Das tun wir dann auch und atmen durch.

Auf dem Weg zum Aufzug beruhigt sich mein Puls langsam wieder, aber müde bin ich nicht, nur erschöpft. Wie alt war die Frau eigentlich? Der Anästhesist weiß es auch nicht. Und der Name? Ich weiß es nicht, aber sie war stabil und wir haben getan was wir konnten.

Wir fahren auf die Intensivstation, trinken einen Kaffee, müssen kurz über das Geschehene reden, um es besser verarbeiten zu können, um besser zu werden. Ein kurzer Blick auf die Uhr, 4:15. Über eine Stunde waren wir jetzt da unten? Wahnsinn! Es fühlte sich lediglich an wie ein paar Minuten.

04:30 Uhr, ich falle noch mal ins Bett, drei Stunden noch, ich kann an nichts mehr denken.

06:30 Uhr, mein Wecker klingelt, ich werde wach und irgendwie auch nicht, bin völlig gerädert und habe das Gefühl nicht eine Minute geschlafen zu haben. Es nützt nichts, aufstehen, waschen, anziehen, Bett abziehen, Übergabe, Feierabend. Meine Kollegen wünschen mir einen schönen Tag. Ich bedanke mich, fahre nach Hause, gehe duschen und falle neben meinem Freund ins Bett. Müde, kaputt, erledigt. Er küsst mich, fragt nicht, wünscht mir nur einen schönen Schlaf. Er ahnt, dass ich die Nacht nicht viel geschlafen habe. Gute Nacht! Morgen geht es weiter.

Ein paar Tage später muss ich noch mal an diese Nacht denken. Wie mag es der Frau gehen? Hat sie es geschafft? Lebt sie noch? Vielleicht hat mein ärztlicher Kollege ja was gehört, aber auf meine Frage kann er leider auch nicht antworten, es hat keine Rückmeldung gegeben.

Das ist leider eine der unschönen Seiten unseres Berufes. Oft werden wir zu Notfällen gerufen, deren Weiterbehandlung aber in einem anderen Krankenhaus stattfinden muss. Wir erfahren in den meisten Fällen dann nicht mehr wie es den Menschen ergangen ist. Meistens muss ich auch nicht mehr dran denken. Aber es gibt Situationen, wo ich doch an den einen oder anderen Patienten zurückdenken muss und mich frage, wie es dem Betroffenen heute geht.

Manchmal bekommen wir aber auch eine Antwort. Meist aus heiterem Himmel und wenn man am Wenigsten damit rechnet. Wie heute!

Heute ist Samstag, ich habe wieder Dienst, mit demselben Anästhesisten wie in der besagten Nacht. Wir unterhalten uns, es ist unser letzter gemeinsamer Dienst, er hat eine neue Stelle. Wir haben uns immer gut verstanden und gerne zusammen gearbeitet. Plötzlich sagt er „Ich muss dir noch was zeigen!" Er geht ins Arztzimmer, kommt zurück, einen Brief in der Hand.

„Kannst du dich noch an den Notfall vor ein paar Wochen nachts in der Ambulanz erinnern? Du wolltest doch wissen wie es der Dame geht." Er reicht mir den Brief.

Ich fange an zu lesen, ein Dankesschreiben:

„Dort wurde sofort alles unternommen, was nötig war um mein Leben zu retten (man hat mich reanimiert). Natürlich weiß ich nicht, wer das für mich getan hat, aber ich möchte allen diesen Menschen danken und habe in die Krankenhauskapelle einen Strauß Blumen schicken lassen und die Priorin gebeten ein kleines Gebet für meine Retter zu sprechen. Ich wollte einfach noch mal Danke sagen."

Ich war gerührt. Jetzt erfahre ich endlich, was ich wissen wollte, ihren Namen, ihr Alter (sie war erst 50) und das Wichtigste, es geht ihr gut. Unsere Arbeit lohnt sich eben doch manchmal. Und ich kann mit dem Erlebten abschließen. Danke schön!

Schlaf.

Manchmal bin ich so müde, so kaputt, erschlagen von den Ereignissen des Tages, dann möchte ich einfach nur schlafen. Mich hinlegen, die Augen schließen, an nichts denken, einfach schlafen.

Es gibt Tage da klappt es gut. Ich gehe abends ins Bett, lese noch etwas und schlafe dann ein. Manchmal träume ich etwas, oft auch nicht. Ich bin unsicher welche Nächte mir besser gefallen, die in denen ich was geträumt habe oder die in denen ich einfach nur geschlafen habe.

Ich wünsche mir zu träumen, aber von schönen Dingen.

Oft habe ich Angst davor, dass ich nachts von den Ereignissen des Tages wieder eingeholt werde. Manchmal verfolgen diese Ereignisse mich in meinen Träumen und bescheren mir einen unruhigen oder auch gar keinen Schlaf. Das sind keine guten Nächte. Morgens fühle ich mich dann noch genau so erschlagen wie am Abend zuvor, als ich ins Bett ging.

Der Schichtdienst bringt mich dazu, meinen Körper zu zwingen in Zeiten wach zu sein, in denen er schlafen möchte. Es kommt mir manchmal vor wie Folter, die ich mir selber antue. Sich zu geistigen und körperlichen Höchstleistungen zu animieren, wenn tief im Innern die Uhr Schlafenszeit anzeigt, ist nicht immer einfach und kostet Kraft. Manchmal viel Kraft.

Die ersten Nachtdienste sind die härtesten. Um 19:30 Uhr das Haus verlassen, zur Arbeit fahren, wach bleiben und durchhalten bis morgens 6:30 Uhr. Dann endlich geht es nach Hause. Oft kann ich mich an einzelne Dinge von unterwegs nicht mehr erinnern. Gott sei Dank habe ich es nicht so weit. Ich bin erschöpft, nicht müde, einfach nur vollkommen erschöpft und am Ende meiner Kraft. Nach dem Nachtdienst falle ich zu

Hause jedes Mal wie in ein Koma. Traumlos, von tiefer Dunkelheit umgeben, nehme nichts um mich herum wahr, schlafe tief und fest.

Nach dem letzten Nachtdienst gehe ich morgens ins Bett, zwinge mich aber, nach spätestens vier Stunden wieder aufzustehen. Mein Körper wehrt sich, aber es nützt nichts. Ich quäle mich aus dem Bett und stehe auf. Warum? Weil ich heute Abend nicht mehr arbeiten gehe und ich meinen Körper erneut zwingen muss, sich auf einen anderen Schlafrhythmus umzustellen. Den Schlafrhythmus der für die meisten normal ist, abends ins Bett gehen, schlafen, morgens aufstehen. Um das zu erreichen, muss ich jetzt aufstehen, mich den Tag über auf Hochtouren beschäftigen und abends beim ersten Anzeichen von Müdigkeit ins Bett gehen. Dann klappt es mit der Umstellung des Schlafrhythmus, meistens. Manchmal werde ich aber auch nachts wach. Wenn ich Glück habe lese ich ein paar Seiten und schlafe wieder ein. Wenn ich kein Glück habe, werde ich einfach nicht mehr müde, sondern erst wieder morgens gegen 8 Uhr, wenn ich aufstehen sollte. Dann geht die Quälerei des Tages zuvor von neuem los. Ich muss mir einen normalen Tages- und Nachtrhythmus aufzwingen. Meinen Körper davon überzeugen, dass er jetzt wieder auf seine innere Uhr hören darf und muss, ich ihn nicht abhalten werde. Erst wieder im nächsten Nachtwachenblock.

Es ist schwer sich im Drei-Schicht-System einen Rhythmus zu schaffen. Manche haben Glück und haben es leicht mit der Umstellung. Für andere bedeutet jede Schicht eine neue Herausforderung, weil sie sich nicht so schnell an den anderen Tagesablauf anpassen können. Oft ist es so, dass die Frühdienstwoche dann schon vorbei ist bis mein Körper sich einigermaßen mit dem frühen Aufstehen arrangiert hat.

Dieser ständige Wechsel zehrt an meinen Kräften, zusätzlich zu dem was ich auf der Arbeit erlebe.

Jede Nacht in der ich gut schlafe, ohne zu erwachen, ohne Albträume zu haben, Nächte nach denen ich morgens einigermaßen ausgeruht aufwache, genieße ich und erfreue mich daran.

Leider sind diese Nächte selten geworden.

Dunkelheit.

Es ist dunkel. Ich höre das eindeutige, bedrohliche Piepsen eines Beatmungsgerätes und renne los. Über den Stationsflur, auf der Suche nach der Quelle des Geräuschs.

Wo sind verdammt noch mal meine Kollegen? Hört denn niemand, dass sich ein Patient vom Beatmungsgerät abgemacht hat? Das darf doch nicht wahr sein.

Seit wann ist denn eigentlich unser Stationsflur so lang und wieso ist hier nirgendwo Licht an? Eine Intensivstation auf der kein Licht an ist, das gibt es doch gar nicht.

Ich renne immer weiter. Langsam bekomme ich Angst. Wer weiß, ob der Patient selber atmen kann? Wenn ich ihn nicht bald finde...

Endlich, das Piepsen wird lauter, ich komme näher. Mein Herz rast und meine Atmung wird schneller. Wenn ich meine Kollegen erwische, dann ist was los, mich hier alleine zu lassen und dann so was. Da hinten, ich sehe Licht. Zimmer sechs, ein frisch operierter Patient, der die Nacht unbedingt beatmet bleiben sollte und sich nicht viel bewegen durfte. Wunderbar!

Das Piepsen des Beatmungsgerätes wird lauter, immer wieder durchdringt es die Stille der Nacht.

Endlich biege ich um die Ecke und was ich sehe bereitet mir Angst.

Der Patient sitzt im Bett, hat sich den Beatmungsschlauch gezogen, seine frische Bauchwunde blutet und das Blut tropft bereits aus dem Bett. Im ersten Moment weiß ich nicht was ich tun soll. Ich frage mich warum der Überwachungsmonitor keinen Alarm schlägt. Der Kreislauf des Patienten wird schwächer. Ich renne zu dem Patienten ans Bett, drücke ihn mit aller Kraft in eine liegende Position, drücke meine Hände auf seinen blutenden Bauch, um das Blut zurückzuhalten und schreie. Ich schreie nach meinen Kollegen, ich schreie um Hilfe und ich schreie aus Angst. Mein Herz rast weiter. Der Patient sieht mich Angsterfüllt an, als ob er wüsste, dass er nun sterben muss.

Ich rufe ein letztes Mal laut nach meinen Kollegen, nach irgendjemandem der mir verdammt noch mal hilft. Und dann wird plötzlich alles ganz dunkel.

Ich schwitze, mein Herz überschlägt sich, ich atme zu schnell und schrecke hoch.

Meine Augen gewöhnen sich langsam an die Dunkelheit. Ich schaue auf meine Hände, kein Blut. Auch von dem Piepsen des Beatmungsgerätes ist nichts mehr zu hören. Ich sehe mich um. Neben mir liegt mein Freund, er atmet ganz ruhig, schläft friedlich, kein Blut.

Ich sitze in meinem Bett, bin zu Hause, in Sicherheit. Das war alles nur ein Traum. Ich merke wie meine Atmung sich beruhigt, mein Herzschlag wird langsamer. Ich bin zu Hause, alles ist in Ordnung. Ich lege mich wieder hin und schlafe ein. Gleich muss ich zum Frühdienst.

Gegenwart.

Ich laufe durch San Francisco, um genau zu sein wir sind am Pier 39. Das Wetter ist wunderbar, viele Menschen sind unterwegs, ich freue mich hier zu sein.

Ich musste für eine Zeit weg. Weg von den Gedanken, dass ich meine Arbeit gekündigt habe, weg von den Gedanken mich damit befassen zu müssen was als nächstes kommt. Niemand verlangt es von mir, aber ich habe mich schon immer selbst unter Druck gesetzt, so auch dieses Mal.

Aber erstmal gönne ich mir ein paar Tage Auszeit, hier in San Francisco. Ich genieße es, die Sonne, das Meer.

Dann plötzlich ein Geräusch. Reafunk. Notfall. Ein Geräusch, das mein Herz zu Rasen anfangen lässt, was mich innerlich erstarren lässt, welches mich der Wirklichkeit entzieht. Ich bleibe plötzlich mitten auf der Treppe am Pier stehen, lausche, greife nach dem Arm meines Freundes. Er fragt was los sei. Ich frage ihn was das Geräusch ist, er weiß nicht was ich meine, er kennt diesen Ton nicht bzw. verbindet damit nicht das gleiche wie ich. Ich möchte, dass er mit mir spricht, mich in der Wirklichkeit hält, mir das Gefühl gibt, dass alles in Ordnung ist. Er tut es, ohne zu wissen dass er es tut und warum er es macht. Das Geräusch verstummt. Gleichzeitig sehe ich einen Mann der ein Handy aus seiner Tasche zieht, es war sein Klingelton.

Ich bin nicht im Krankenhaus, es war nicht der Reafunk, zu dem ich vor ein paar Wochen noch sofort hätte aufbrechen müssen, um zu einer Situation zu gelangen von der ich nicht gewusst hätte was mich erwartet, wie sie ausgegangen wäre.

Ich atme tief durch, mein Herzschlag beruhigt sich langsam wieder und wir gehen die Treppe weiter hoch in die Sonne.

Die Wirklichkeit hat mich wieder, für den Moment.

Wie lange werden mich diese Dinge noch verfolgen?

Wie oft wird es noch vorkommen, dass sie mich völlig überraschend treffen und es schaffen mir vorzumachen mich an einem anderen Ort, in einer anderen Situation, in einer anderen Zeit zu befinden? Wann werden sie mich endlich loslassen?

Wann lasse ich sie gehen und akzeptiere sie als meine Vergangenheit?

Geräusche.

Sie sind ständig da. Viele von ihnen nehmen wir nicht mehr wahr. Aber sie sind da, 24 Stunden am Tag rund um die Uhr, 7 Tage die Woche. Unser Gehirn hat glücklicherweise die Fähigkeit Wichtiges von Unwichtigem zu trennen, bei Überreizung nur die wichtigen Signale durchzulassen. Aber erstmal musst du lernen Wichtiges von Unwichtigem zu unterscheiden, du musst lernen Prioritäten zu setzen. Und bis dir das gelingt sind es einfach nur Geräusche, viele davon und alle gleichzeitig. Und du erschreckst dich bei jedem einzelnen von ihnen.

Was ist das für ein Ton? Muss ich da hin? Ist das wichtig? Wo kommt er her?

So oder ähnlich geht es vielen, wenn sie das erste Mal eine Intensivstation betreten, denn hinter dieser verschlossenen Tür herrscht eine einzige Geräuschkulisse. Diese Geräuschkulisse gilt es zu beherrschen, wenn man hier arbeiten möchte.

Telefonklingeln, Türklingel, Alarme der Monitore, Alarme der Perfusoren und Infusiomaten, Alarme der Beatmungsgeräte, das Rauschen des Wärmegerätes, der Motor eines Schwerlastbettes, das Hämofiltrationsgerät, Gespräche, das Öffnen und Schließen von Türen, Aufreissen von Verpackungen, der heranrollende Essenswagen, laufendes Wasser, die Spülung der Reinigungsanlagen...

Jedes für sich genommen klingt gar nicht so schlimm, aber alle zusammen, oder auch nur drei Telefone mit unterschiedlichen Melodien gleichzeitig, klingen furchtbar.

„Aber da gewöhnt man sich doch mit der Zeit dran. So schlimm ist das doch nicht." Natürlich gewöhnt man sich daran, das musst du auch, ansonsten wirst du wahnsinnig durch Reizüberflutung oder taub.

Die Gewöhnung ändert aber nichts daran, dass diese Geräusche trotzdem existieren und sie unterbewusst aufgenommen werden. Und in einer ruhigen Minute schleichen sich einige von ihnen wieder in dein Bewusstsein, besonders nach einem sehr geräuschvollen Tag.

Ich sitze im Auto, auf dem Weg nach Hause und plötzlich höre ich erst ganz leise den Alarm eines Beatmungsgerätes. Erst nehme ich ihn gar nicht wahr, aber mit der Zeit wird er lauter und drängender, ich kann ihn nicht mehr überhören. Wenn es so weit ist, blicke ich mich für einen kurzen Moment um und suche die Quelle des Geräusches. Dann wird mir aber schnell klar, wo ich bin und das mir mein Unterbewusstsein einen Streich gespielt hat.

Wenn ich schlafe ist das anders. Manchmal begleiten mich diese Geräusche und Töne in meine Träume und beeinflussen so deren Verlauf. Zeitweise wird es dann sogar so real, dass ich meine auf der Arbeit zu sein, bis endlich der Punkt kommt an dem ich hochschrecke und schließlich merke, dass ich zu Hause bin, in meinem Bett.

Oft ist es so, dass ich die Station nach Dienstschluss verlasse, aus der Tür ins Freie trete und einen Moment stehen bleibe, die Augen schließe und mich auf das Hören konzentriere. Und dann genieße ich einfach nur die Stille, die mich umgibt. Herrlich!

Wieviele von den Geräuschen, die uns umgeben, wir wirklich ausblenden oder nicht mehr wahrnehmen, merkt man erst, wenn man sich mal auf die andere Seite begibt. Auf die Seite der Patienten und Angehörigen, für die das alles völlig neu, unbekannt und auch angsteinflössend ist.

Eines nachts im Nachtdienst bekam ich ziemlich starke Kopfschmerzen, ich nahm eine Tablette und legte mich für ein paar Minuten in ein leeres Patientenzimmer. Die Nacht war ruhig, bis jetzt keine besonderen Vorkommnisse.

Ich legte mich dort hin und schloss für einen Moment die Augen, in der Hoffnung die Tablette wirkt und die Kopfschmerzen würden nicht stärker. Es dauerte keine zwei Minuten, da gab es auf dem Flur ein Geräusch und ich öffnete schlagartig die Augen. Eine Schranktür wurde geöffnet und geschlossen und eine Infusion geöffnet. Ich kannte diese Geräusche, es war nichts Bedrohliches, aber in dem Moment kam es für mich völlig unerwartet und ich erschrak. Danach war wieder Ruhe.

Ich schloss erneut die Augen und versuchte mich der Dunkelheit hinzugeben. Aber auch diese Stille wurde jäh unterbrochen, diesmal durch den Alarmton des Überwachungsmonitors auf dem Flur. Auch dieser Ton war mir bekannt und ich konnte ihn zuordnen, wusste das es kein dringlicher Alarm war. Aber wach war ich trotzdem und erschrocken hab ich mich auch wieder.

Ich habe in diesem Fall nur zehn Minuten dort gelegen, mich zwei Mal erschrocken, wusste aber bei jedem Geräusch, um welches es sich handelte und was es zu bedeuten hatte.

Jetzt stelle ich mir vor ich sei Patient auf der Station, habe von Pflege, Medizin und allem was dazu gehört keine Ahnung. Dass man mich auf die Intensivstation legt ist schon erschreckend genug und jetzt liege ich vielleicht zwei Tage hier rund um die Uhr und ständig gibt es Geräusche, die ich nicht zuordnen kann und Töne die ich nicht zu interpretieren weiß. Und das Schlimmste ist, ich habe keine Möglichkeit dem zu entfliehen. Ich weiß noch nicht mal ob es bei dem nächsten Ton ein Alarmsignal ist, bei dem es um mich geht und wenn ja, ob das überhaupt jemand mitbekommt.

Diese Vorstellung finde ich schrecklich und spätestens seit diesen Minuten kann ich nachvollziehen was die Patienten meinen, wenn sie morgens sagen es war eine unruhige Nacht und sie hätten kein Auge zugetan.

Auch Angehörige empfinden diese Geräuschkulisse sehr unterschiedlich.

Einige sind in ihrer Situation und ihrem Schicksal so gefangen, dass sie das alles was um sie herum passiert gar nicht mitbekommen zu scheinen und die Töne der Geräte gar nicht wahrnehmen.

Andere registrieren jede Veränderung und nehmen jeden Ton wahr. Wenn ich als Pflegekraft dann nicht sofort auf das Geräusch reagiere stehen die Angehörigen meist auf dem Flur, gucken sich hilfesuchend nach dir um und sobald sie dich erblicken fordern sie ein, dass du sie begleitest und dich davon überzeugst, dass mit ihrem Angehörigen alles in Ordnung ist.

Die zweite Variante ist für mich als Pflegekraft definitiv sehr viel anstrengender, denn meine Anwesenheit am Patientenbett wird sehr viel mehr eingefordert als es vielleicht notwendig und möglich ist. Allerdings, wenn ich mich auf die Seite der Angehörigen begebe, kann ich dieses Verhalten nachvollziehen. Woher sollen sie wissen, dass es an mehreren Stellen der Station Überwachungsmonitore gibt auf denen mir jeder Patient angezeigt wird und auf dem auch die Alarme dargestellt werden? Woher sollen sie wissen, dass die Geräte, die bei uns verwendet werden je nach Dringlichkeit unterschiedliche Töne abgeben? Woher sollen sie wissen, dass ich diese Töne unterscheiden kann und daher auch weiß ob ich sofort kommen muss oder nicht? Woher sollen sie wissen, dass ich mehrere Patienten gleichzeitig betreue und ich zeitweise danach differenzieren muss was wichtiger ist?

All diese Dinge können sie nur wissen, wenn ich ihnen davon erzähle und sie ihnen zeige. Gerade bei unsicheren, nervösen Angehörigen habe ich die Erfahrung gemacht, dass es auf lange Sicht gesehen, viel Erleichterung für alle Beteiligten schafft, wenn ich ihnen die Situationen, die auftreten erkläre und zeige.

Dass ich ihnen die Überwachungseinheiten ausserhalb des Zimmers zeige, so dass sie wissen ich gehe jetzt zwar in Pause, aber auch dort kann ich jede Veränderung sehen.

Dass sie wissen, dass ein Gerät piepst, wenn ein Medikament leer ist, damit ich weiß, dass es gewechselt werden muss. Dass sie wissen, dass das Beatmungsgerät einen bestimmten Ton von sich gibt, wenn ihr Angehöriger beatmet ist und hustet, weil die eingestellte Druckgrenze überschritten wird. Dass sie wissen, dass du sofort kommst, wenn etwas nicht in Ordnung ist. Dass sie wissen, dass nicht jedes Geräusch sofort eine Bedrohung oder Gefahr darstellt.

Dieses Wissen schafft Sicherheit und die Angehörigen verlieren ein wenig ihrer Hilflosigkeit in dieser neuen, schwierigen Situation. Wieviel von den Informationen weitergegeben wird, hängt von der Pflegekraft und ihrer Einschätzung der Angehörigen ab. Denn nicht jeder braucht oder möchte dieselbe Menge an Informationen bekommen.

Notfalltelefon.

Das Telefon klingelt.

Eigentlich klingelt hier ständig irgendein Telefon, das abgenommen werden will. Aber diesmal ist es anders, der Ton ist anders, es klingt dringlicher, eingehender, lauter, will sofort beantwortet werden. Es ist das einzige Telefon, welches keiner von uns lange schellen lässt, bei dem egal ist ob es von einem Arzt oder einer Pflegekraft bedient wird. Wer in der Nähe ist hat den Hörer abzuheben und alles weitere zu organisieren. Es ist das Notfalltelefon, unsere direkte Verbindung zur Feuerwehr, zum Notarzt oder der Ersatz für den Reanimationsfunk im Haus selbst.

Über dieses Telefon werden auf jeden Fall keine Privatgespräche geführt. Hier erreichen uns kurze Anfragen über die Bettenkapazität und dann eine schnelle Abfolge von Informationen über den Patienten, welcher uns als nächstes gebracht wird.

Derjenige, der dieses Gespräch führt sollte darüber informiert sein wieviele Betten zur Verfügung stehen, ob Beatmungsplätze frei sind oder nicht und wen er wie nach dem Gespräch informieren muss. Oft muss es dann ziemlich schnell gehen, denn während du den Hörer auflegst, kannst du die Sirene des Rettungswagens quasi schon hören.

Organisation ist in dem Fall alles. Während du telefonisch den zuständigen Arzt und das Ambulanzpersonal informierst, bestimmst du zeitgleich das zu belegende Bett und gibst einem oder zwei Kollegen Anweisungen was vorzubereiten ist und was du an Informationen über den eingehenden Patienten hast. Danach folgt eine kurze Absprache über die pflegerische Versorgung des Patienten, wer hat Kapazitäten, wer kann unterstützen. Meist dauert diese Organisation keine fünf Minuten, da alle Hand in Hand arbeiten.

Manchmal hast du noch ein paar Minuten Zeit bis der Rettungswagen eintrifft und du zu funktionieren hast, egal was dich jetzt erwartet. Das sind die Minuten in denen du dich kurz sammeln kannst, vielleicht nochmal zur Toilette oder eben was trinken gehst, denn du weisst nicht wann das nächste Mal dafür Zeit sein wird. Sich davon überzeugen dass bei den anderen Patienten alles in Ordnung ist, nochmal kurz die Teamorganisation überprüfen. Es ist wichtig, dass nicht alle verfügbaren Personen mit dem neuen Patienten beschäftigt sind und der Rest der Station auf sich allein gestellt ist. Notfall hin oder her, auch die Versorgung der anderen, bereits anwesenden Patienten muss gewährleistet sein.

Dann das nächste Klingeln. Diesmal ist es nicht das Telefon, sondern die Tür, es wird der Rettungswagen mit dem angekündigten Patienten sein. Einer öffnet, der Rest wappnet sich, zieht sich Handschuhe an, eventuell auch einen Mundschutz, manchmal als Schutz vor Körperflüssigkeiten, manchmal als Schutzwall vor dem was uns erwartet. Am Ende kann dieser Mundschutz, der mich persönlich schützt, mit dem Erlebten abgelegt werden.

Der Patient ist da, viel Personal ist da, wir, Ärzte, der Notarzt, die Rettungssanitäter. Es ist wichtig sich einen Überblick zu verschaffen, Informationen aufzunehmen, Wichtiges von Unwichtigem zu trennen, auszublenden was ich im Moment nicht verwenden kann und dann handeln, richtig handeln, effektiv und möglichst erfolgreich handeln. Nicht hektisch werden, den Überblick behalten, funktionieren. Aufträge ausführen, selbständig arbeiten, Anweisungen geben. Alle Sinne sind geschärft, damit dir möglichst wenig entgeht. Die Uhr im Blick halten, die Maßnahmen nachhalten, keine doppelten Ausführungen, nichts vergessen, funktionieren, egal zu welcher Zeit, egal wieviel bis jetzt zu tun war, egal was noch kommt.

Wenn dieser Notfall versorgt ist, bleibt vielleicht kurz Zeit zum Luft holen, zum nachbesprechen. Bis der nächste Patient kommt und auch dann wirst du wieder funktionieren wie es von dir erwartet wird, denn es geht immer wieder um einen neuen, diesen einen Menschen dem es zu helfen gilt. Und wenn diese Menschen alle versorgt sind und du funktioniert hast, geht es vielleicht auch mal ein paar Minuten nur um dich.

Gefühle.

Trauer, Enttäuschung, Wut, Machtlosigkeit und Freude.

Das sind die Gefühle, welche mich in meinem Beruf tagtäglich begleiten. Nicht alle jeden Tag und auch nicht alle in der gleichen Stärke. Aber sie sind da, immer, meine treuen Begleiter, auf sie kann ich mich verlassen.

Trauer, wenn Patienten, die ich gern hatte, versterben. Aber auch, wenn ich Patienten betreue, die ich mag, die sich noch mit mir verständigen konnten, mir erzählten wie sie sich ihren Lebensabend vorstellen, denen es plötzlich schlechter geht, die in die Maschinerie der Intensivmedizin eintauchen.

Trauer, weil ich weiß wie dieser Weg in vielen Fällen zu Ende geht.

Trauer, weil ich mir wünsche, dass dieser Mensch diesen Weg nicht hätte beschreiten müssen.

Enttäuschung, weil ich so oft mit der Bürokratie kämpfe. Enttäuschung, weil ich diese Zeit lieber mit meinen Patienten verbringen möchte.

Enttäuschung darüber, dass ich dafür bestraft werde eine Formulierung in der Dokumentation falsch gewählt zu haben, aber niemand ein Auge auf den Patienten wirft und sieht, wie gut ich mich um ihn kümmere.

Enttäuschung darüber, kein Lob zu bekommen, wenn ich etwas gut gemacht habe.

Enttäuschung darüber, dass es wichtiger zu sein scheint, jemanden auf seine Fehler hinzuweisen als seine gute Arbeit zu erwähnen.

Wut empfinde ich, wenn ich bereits drei Dinge gleichzeitig erledige, mir noch drei zusätzliche Dinge aufgetragen werden, ich diese ebenfalls erledige und am Ende alles nicht schnell genug ging. Es macht mich wütend, dass nicht gesehen wird wieviel wir leisten, jeden Tag, zu jeder Zeit, egal ob Werktag, Feiertag oder Wochenende. Uns wird immer mehr abverlangt. Wir sind Pflegekräfte, die rechte und manchmal auch die linke Hand der Ärzte. Wir sind Physiotherapeuten, Logopäden, Ergotherapeuten, Psychotherapeuten, Sekretärinnen, Putzhilfen... Aber den wenigsten gelingt es, dies auch anzuerkennen und mit ein paar netten Worten zu bemerken.

Es macht mich wütend, dass alles was wir tun so selbstverständlich geworden ist.

Machtlosigkeit empfinde ich, wenn wir einen Menschen reanimieren und es trotz aller Versuche nicht gelingt, ihn ins Leben zurück zu bringen. Es zeigt mir jedes Mal, dass die Medizin zwar mächtig, aber zum Glück nicht allmächtig ist.

Machtlos fühle ich mich allerdings auch, wenn ich Patienten betreue, meistens alte Menschen, denen es sehr schlecht geht und bei denen abzusehen ist, dass ihr letzter Weg im Leben begonnen hat. Machtlos deswegen, weil ich zuschauen muss. Ich schaue zu, wie dieser Mensch einfach nicht losgelassen wird, von Ärzten und von der Familie. Oft noch Therapien durchgeführt werden, die zumindest diskussionswürdig sind. Zu wissen was passiert, nichts ändern zu können ist meine Machtlosigkeit.

Freude.

Freude ist ein Gefühl, welches ich auf der Arbeit nicht häufig erlebe. Aber jedesmal wenn es mir vergönnt ist, greife ich danach wie nach einem Strohhalm und versuche es mir so lange wie möglich zu bewahren.

Freude empfinde ich, wenn ein Patient, der lange beatmet war, das erste Mal wieder spricht. Diese kratzige Stimme zu hören, die ich oft vorher noch nie gehört habe, erfreut mich jedes Mal. Es freut mich, wenn wir um einen Patienten gekämpft haben und er nach Tagen oder Wochen unsere Station lächelnd verlassen kann. Jedem einzelnen von ihnen drücke ich die Daumen, dass es sein letzter Aufenthalt bei uns auf der Station war und er recht bald nach Hause kann.

Ich freue mich jedes Mal sehr, wenn ehemalige Patienten oder deren Angehörige sich durch eine Karte oder einen Brief bei uns melden und uns daran teilhaben lassen wie es ihnen jetzt geht. Es freut mich zu hören, dass unsere Arbeit doch manchmal auch zu etwas Nutze ist und es Menschen gibt, die den Weg zurück in ihren Alltag und ihre Familie finden.

Selbstmitleid.

Altersdemenz aus der Sicht einer 93jährigen Patientin, die selber daran erkrankt ist:

„Meine Tochter war da? Wieso haben sie sie nicht zu mir gebracht?"

„Ihre Tochter war bei ihnen am Bett, das ist noch keine zehn Minuten her."

„Mein Gott, Schwester, ist es nicht schlimm alt zu werden? Wenn sie mal alt sind, werden sie vielleicht an eine alte Frau zurückdenken, die ein paar Minuten, nachdem ihre Tochter da war, das Liebste was ich auf dieser Welt besitze, nicht einmal mehr wußte dass dies eben geschehen war."

Diese Worte haben mich damals sehr nachdenklich gemacht.

Es ist nicht immer nur für uns Pflegende und die Angehörigen schwer, Altersdemenz zu erleben und mit ihr umzugehen. Von Zeit zu Zeit sind es auch die Patienten selber, die darunter leiden. Sie erkennen, dass ihr Gedächtnis nicht mehr einwandfrei funktioniert und ihr Leben stückweise aus ihrer Erinnerung verschwindet.

Oft geschieht es, dass wir uns mehr Gedanken darüber machen wie schlimm es für uns ist die Krankheit anderer zu ertragen. Wir machen uns aber selten Gedanken darüber wie es für die Betroffenen ist, mit dieser Krankheit leben zu müssen.

Es ist schlimm und schmerzhaft einem geliebten Menschen dabei zusehen zu müssen wie er leidet nicht nach Hause zu können, Schmerzen hat und nichts dagegen tun zu können.

Wenn sie weinen, weinen sie weil sie nachempfinden können was dieser geliebte Mensch gerade durch macht oder weinen sie vielleicht, weil es für sie selbst schlimm ist dabei zusehen zu müssen?

Sich selbst zu bemitleiden ist keine Lösung, denn dann können sie für ihren Angehörigen nicht da sein und er hat vielleicht sogar das Gefühl ihnen lästig zu sein.

Ihrem kranken Familienmitglied zu erklären, sie würden genau wissen was er durchmacht, ist ebenfalls keine Lösung. Denn das können sie nicht. Darüber müssen sie sich im Klaren sein.

Sie können sich nicht vor einen schwerstkranken Menschen stellen und ihm glaubhaft versichern zu wissen wie er sich fühlt.

Das einzige was sie machen können ist, sich zu ihm ans Bett setzen, ihm zuhören, ihm Dinge von zu Hause erzählen, seine Hand halten, ihm seine Tränen wegküssen und für ihn da sein. Das ist ihre wichtige und schwere Aufgabe als Angehöriger bei Patienten, die schwer erkrankt sind, vielleicht sogar im Sterben liegen.

Bei medizinischen Maßnahmen, wie Schmerztherapie müssen sie auf uns Pflegende und Ärzte vertrauen. Versuchen sie sich darauf zu konzentrieren ihrem Liebsten mit Liebe und einem offenen Ohr zur Seite zu stehen. Denn sie können ihm auf eine ganz andere Art helfen als wir das jemals könnten. Diese Aufgabe, die auf sie zu-

kommt ist sehr anstrengend, sowohl körperlich als auch seelisch. Es wird sie viel Kraft
kosten. Deshalb ist es wichtig für sie zu wissen, dass wir auch für sie da sind, um ihnen
beizustehen und Kraft zu geben.

Mobbing.

Jeder hat schon mal davon gehört und jeder scheint zu wissen was es ist. Aber hat irgendjemand, außer denen die es am eigenen Leib erfahren mussten eine Vorstellung davon was es wirklich bedeutet? Was mit einem geschieht, körperlich und psychisch?

Wie lange es braucht zu erkennen, dass es jemanden gibt, der dich so wenig mag oder sich von dir bedroht fühlt, dass er es schafft dir das Leben zur Hölle zu machen?

Wie lange braucht es zu verstehen, dass du nicht selber das Problem bist, dass du nichts falsch gemacht hast, dass du das Opfer bist?

Es dauert lange, es zermürbt dich und du brauchst einen Ausweg.

Es fängt langsam und schleichend an. Zuerst bemerkst du es gar nicht richtig. Eine deiner Kollegen ignoriert dich. Zunächst denkst du noch sie habe einen schlechten Tag, eine schlechte Woche. Wenn es auf einmal ein schlechter Monat wird und sich noch andere Kleinigkeiten dazu gesellen wirst du langsam misstrauisch.

Die Übergaben verlaufen kurz und knapp, teilweise werden dir Informationen vorenthalten. Wenn alles gut geht, fällt es dir auf und du bekommst die fehlenden Infos von einem Kollegen oder erliest sie dir aus der Patientendokumentation. Wenn du kein Glück hast bekommst du am nächsten Tag Ärger für nicht erledigte Aufgaben.

Aber wie willst du erklären, dass dir am Tag zuvor dein Übergabepartner die Informationen gar nicht gegeben hat? Wer glaubt dir? Und außerdem kann das ja mal passieren.

Aber immer wieder? Über Wochen und Monate, dezent gestreut, so dass es kaum auffällt, außer dem den es betrifft, der dann ständig die Schelte kassiert.

Irgendwann geht es dann so weit, dass alles was auf der Station falsch läuft oder fehlerhaft ist, auf deinen Namen zurückfällt. Du musst anfangen dich öffentlich zu erklären, du wirst in eine Situation gedrängt, aus welcher du dich nur schlecht verteidigen kannst. Denn von den Dingen an denen du auf einmal Schuld bist, wusstest du vielleicht bis gerade noch nicht mal.

Wenn Menschen anfangen nicht mehr dir, sondern den Gerüchten über dich mehr Glauben zu schenken, beginnt die härteste Zeit.

Du fängst an an dir zu zweifeln, du suchst danach was du falsch gemacht hast, ob du vielleicht wirklich diese ganzen Fehler begangen hast.

Bei dem Versuch mit der Kollegin zu sprechen und zu klären was für ein Problem sie mit dir hat, dreht sie sich kommentarlos weg und geht. Ein klärendes Gespräch wird es nie geben. Sie weiß wahrscheinlich selber nicht was sie für ein Problem hat. Aber das ist dir im Moment noch nicht klar.

Du beginnst den Dienstplan abzusuchen, wann und wie oft du in der nächsten Zeit mit dieser Kollegin Dienst hast und freust dich über jeden Tag an dem ihr euch nicht begegnet. Und jeder andere Tag bereitet dir Kopfschmerzen und Übelkeit.

Jeden Seitenblick auf dich von Kollegen anderer Stationen interpretierst du so als ob sie über dich sprechen. Aber über was reden sie? Sie kennen dich doch gar nicht.

An Tagen wo du weißt, dass ihr zusammen Dienst habt, gehst du ihr so gut es geht aus dem Weg und bemühst dich, die immer wieder anschwellende Übelkeit im Zaum zu halten.

Magenschmerzen und Übelkeit sind über die letzten Monate zu deinem ständigen Begleiter geworden.

Deine Gedanken drehen sich nicht mehr um deine eigentliche Arbeit, sondern darum vorauszusehen was als nächstes auf dich zu kommt. Aber es wird dich auch beim nächsten Mal wieder wie einen Schlag vor den Kopf treffen, du wirst unvorbereitet sein.

So oder ähnlich ziehen sich die Wochen und Monate. Du nimmst dir vor dich nicht unterkriegen zu lassen, nicht klein bei zu geben. Wenn allerdings von Seiten deiner Vorgesetzten keine Unterstützung zu erwarten ist, auch wenn du mehrmals das Gespräch gesucht hast, musst du eine eigene Lösung finden und das so schnell wie möglich.

Sei froh, wenn es Kollegen gibt, die dich besser kennen, die hinter dir und manchmal auch vor dir stehen. Aber leider werden sie alleine nichts nützen.

Es muss noch andere Wege geben und dir muss klar sein, dass du den Menschen, der dir das Leben so schwer macht, nicht ändern wirst und wenn er oder sie dich als Opfer erkannt hat, wird sie nicht freiwillig aufhören.

Du musst für dich eine Lösung finden, wenn du keinen dauerhaften, gesundheitlichen Schaden davon tragen willst.

Denn irgendwann reicht deine ganze Widerstandskraft einfach nicht mehr aus.

Ich war damals jung, vielleicht hätte ich mich sonst getraut noch andere Wege einzuschlagen. Heute wüsste ich wie ich mich verhalten würde und hätte keine Angst oder Scheu davor mich auch lautstark zu wehren. Heute weiß ich, dass ich damals nichts falsch gemacht habe. Aber mit 24 Jahren, als Berufsanfänger bist du noch nicht so weit. Du suchst die Fehler bei dir und hoffst, dass es irgendwann einfach vorbei geht. Für mich ging es vorbei. Aber es ging nur vorbei, weil ich mich entschied und sich mir die Möglichkeit bot, mich dieser Situation zu entziehen.

Ich gab auf, ich konnte nicht mehr, ich wechselte die Abteilung, ging von der Intensivstation in die Anästhesie.

Auch wenn Flucht nicht der gängige Weg sein sollte, so war es zu dem Zeitpunkt mein ganz persönlicher Ausweg, welcher mir die Möglichkeit gab wieder gesund zu werden und ein gesundes Selbstbewusstsein für die Zukunft aufzubauen.

Gewalt.

Ich wurde geschlagen, gekratzt, getreten, angespuckt, beschimpft, angeschrien, mir wurde gedroht.

Wenn man diese Zeile liest, denkt man zunächst an einen Menschen, der vielleicht überfallen und verprügelt wurde. Man empfindet Mitleid und überlegt wie schlimm die Gesellschaft geworden ist, dass so etwas einfach geschehen kann.

Wenn ich ihnen jetzt erzähle, dass mir diese Dinge passiert sind, während meiner Arbeit als Krankenschwester auf der Intensivstation und auch bereits als Schülerin in der Ausbildung auf Peripherstationen. Was empfinden sie dann? Mitleid? Sie können nicht glauben, dass es so etwas wirklich gibt?

In Krankenhäusern wird doch kein Personal angegriffen, dort liegen doch Menschen denen es schlecht geht, die sind doch gar nicht in der Lage dazu jemanden zu verletzen.

Wenn ich ihnen jetzt noch sage, dass es sich bei diesen Vorfällen um keine Seltenheit handelt, sondern eher an der Tagesordnung stehen, spätestens im nächsten Nachtdiensteinsatz. Was sagen sie dann?

Ich denke, sie werden es mir noch immer nicht ganz glauben, aber der vorher entstandene Unglaube wandelt sich langsam in Entsetzen und sie sind vielleicht geneigt mir zuzuhören.

In einem meiner ersten Nachtdienste in der Ausbildung war ich als Springer eingesetzt. Ich hatte keine feste Station, sondern einen Funk über den die Kollegen von den Stationen mich rufen konnten, wenn sie Hilfe benötigten. In jener Nacht ging dieser Funk, ich sollte unverzüglich auf die unfallchirurgische Station kommen.

Als ich dort ankam waren bereits mehrere Kollegen von verschiedenen Stationen anwesend. Irgendetwas stimmte hier nicht.

Wir gingen alle in ein Zimmer. In dem Bett lag eine ältere, zart aussehende Dame, die das rechte Bein in Gips hatte. Das Bett hatte Bettgitter und die Dame sprach nicht, aber ihr Blick war irgendwie furchteinflößend.

Der Patientin musste eine Tetanusinjektion verabreicht werden und die Kollegin von der Station hatte dazu Unterstützung angefordert. Wir guckten alle etwas komisch, da die Patientin jetzt nicht wirklich bedrohlich aussah, so dass man fünf Pflegekräfte für eine Injektion benötigte. Aber wir irrten uns.

Als die Kollegin auf die Patientin einsprach, um ihr den Vorgang zu erklären fing diese schon an sich zu wehren und wild mit den Armen zu wedeln.

Wie sich herausstellte war die ältere Dame dement und sie empfand uns als Gefahr und Bedrohung und wehrte sich.

Alles Reden nützte nichts. Kurzum entschieden die Kollegen, dass wir sie festhalten müssten und die Kollegin dann die Injektion verabreichte.

Ich hielt den linken Arm der Patientin fest und stand oben am Kopfende des Bettes. In dem Moment wo ich ihren Arm festhielt sah sie mich mit ihrem durchdringenden Blick an und sagte „Du bist der Teufel." Von ihrer dunklen Stimme, dem Blick und dem Satz an sich war ich kurzfristig so abgelenkt, dass ich nicht sah wie sie ruckartig ihr rechtes Bein, welches in Gips lag, anhob um damit nach mir zu treten.

Sie war sehr gelenkig und hat mich nur um ein Haar am Kopf verfehlt, weil eine Kollegin plötzlich meinen Namen rief und ich den Kopf reflexartig wegzog.

In dieser Nacht hatte ich Glück gehabt und wurde nicht verletzt. Bei dem Gedanken was ein Gipsbein an meinem Kopf hätte anrichten können, bekomme ich heute noch Kopfschmerzen.

In dieser Nacht lernte ich, dass der Mensch unter Angst unheimliche, nicht zu erahnende Kräfte entwickeln kann und diese auch einsetzt, wenn er sich bedroht fühlt. Unterschätze nie die Fähigkeiten deines Gegenübers.

Wenn demente, verwirrte, oft ältere Personen zu Gewaltausbrüchen neigen kann ich das noch nachvollziehen. Denn meist wenden sie Gewalt an, wenn sie sich bedroht fühlen. Sie können die Situation, die Örtlichkeiten und die fremden Personen nicht einschätzen. Sie sollen auf einmal Dinge tun, die sie nicht verstehen oder einfach nicht tun wollen und fühlen sich dann bedroht. Und sie sind vor allem bereit dieses Leben zu verteidigen, mit allen Mitteln.

Wenn es zu diesen Gewaltausbrüchen kommt, ist das für alle Beteiligten anstrengend, manchmal auch gefährlich und teilweise mit Kratzspuren, blauen Flecken oder Schlimmerem beim Pflegepersonal verbunden. Da freut sich niemand drüber und es wird auch schon mal geflucht oder die weitere pflegerische Betreuung durch die verletzte Person abgelehnt.

Was mich aber wirklich aggressiv macht, ist, wenn es zu diesen Ausschreitungen bei Patienten kommt, die ganz genau wissen was sie tun. Sich dann zurückzuhalten und nicht gewalttätig zu reagieren ist auch für friedliebende und ruhige Menschen wie mich sehr, sehr schwer. Aber auch ich reagiere äußerst unentspannt darauf, wenn man mich körperlich angreift oder mich bedroht.

Sich immer wieder mit den Aggressionen von alkoholisierten oder drogenabhängigen Patienten auf der Intensivstation abgeben zu müssen. Jeden Moment damit rechnen zu müssen, wenn du zu nah ans Bett gehst geschlagen zu werden oder wenn du in Reichweite bist angespuckt zu werden, ist furchtbar. Weder diese Patienten, noch ich möchten die Nacht im Krankenhaus verbringen. Schon gar nicht an Geräten angeschlossen auf der Intensivstation, wo sie sich nicht frei bewegen können. Leider haben sie sich aber im Vollrausch auf die Nase gelegt, sind deswegen im Krankenhaus gelandet, dann bereits in der Ambulanz verhaltensauffällig geworden und deswegen zur Überwachung auf die Intensivstation gekommen. Denn in diesem Zustand darf der Arzt diesen Patienten nicht nach der Wundversorgung nach Hause entlassen, weil er als nicht geschäftsfähig gilt. Und so haben wir dann alle was davon und sind am nächsten morgen fix und fertig. Mit den Nerven und Kräften am Ende und dürfen gegebenenfalls noch unsere neu erworbenen Wunden zu Hause erklären.

Gewalt in der Pflege ist in den letzten Jahren immer wieder Thema bei Fortbildungsveranstaltungen im Pflegebereich. Aber raten sie mal welche Art von Gewalt! Gewalt von Pflegekräften gegenüber Patienten. Mit Sicherheit ein Thema, welches keinesfalls unbeachtet bleiben darf, da auch diese Fälle immer mehr zunehmen. Aber über Gewalt gegenüber Pflegekräften wird wenig gesprochen und es wird meines Erachtens auch totgeschwiegen.

Muss ich denn, weil ich Pflegekraft bin und mich dem Wohl anderer Menschen verschrieben habe alles mit mir machen lassen?

Ist es in Ordnung, wenn mir Gewalt seitens Angehöriger angedroht wird, falls der Vater stirbt? Ist es in Ordnung, dass ich von Patienten schwer beschimpft werde? Ist es in Ordnung, dass mir ein Patient ins Gesicht spuckt, weil ihm das Essen nicht schmeckt? Ist es in Ordnung, dass mir ein Patient den Arm verdreht, mir die Finger quetscht, nach mir tritt? Ist es in Ordnung, dass mich Patienten kratzen und kneifen oder mit Flaschen nach mir werfen?

Nein, das ist nicht in Ordnung. Und für die wenigsten dieser Taten gibt es eine Entschuldigung.

Nicht nur unter Patienten, auch unter Pflegekräften gibt es Opfer, denen sowohl physische als auch psychische Gewalt angetan wurde. Über diese wird aber leider nur selten gesprochen.

Verantwortung.

Technik, die begeistert!

Ich benutze diesen Satz meist in ironischer Form, da ich mich mittlerweile frage, ob wir immer so stolz darauf sein sollten, was der Mensch technisch möglich macht. Vor allem im medizinischen Bereich. Die Technik macht es möglich, also tun wir es auch.

Ich halte die technischen Errungenschaften in der Medizin nicht für grundsätzlich schlecht und verlange auch nicht, dass diese wieder abgeschafft werden. Aber den Umgang damit halte ich für fragwürdig.

Die Grenzen zwischen dem was medizinisch und ethisch sinnvoll und dem was medizinisch und technisch machbar ist, verschwimmen seit einigen Jahren zunehmend.

Warum ist das so? Und muss das wirklich so sein?

Der Mensch neigt naturgemäß dazu alles zu benutzen, was er zur Verfügung hat. Das ist verständlich und nachvollziehbar.

Es scheint aber ebenfalls eine Eigenschaft des Menschen zu sein, nicht loslassen zu können. Das Alter, schwere Krankheiten, das Sterben und der Tod werden in unserer Gesellschaft gerne ausgeblendet. Niemand spricht gerne darüber. Es ist nicht mehr normal, dass ein Mensch in hohem Alter verstirbt, einfach weil er alt ist, seine Organe ein Leben von vielleicht 80 Jahren oder mehr hinter sich haben. Daher kommt es dann für viele Menschen plötzlich und unerwartet, dass ein altes Mitglied (Oma, Opa) ihrer Familie schwer erkrankt oder sich im Sterbeprozess befindet. Angehörige können dies oft nicht akzeptieren und erwarten von der Medizin, dass alles erdenkliche an medizinischen Maßnahmen durchgeführt wird, um diesen Menschen am Leben zu halten.

Oft wird diesem Wunsch entsprochen und zwar mit allem was wir technisch und medizinisch zur Verfügung haben. Die Beweggründe mögen verschiedene sein. Ehrgeiz, Hoffnung für die Angehörigen, weil es möglich ist, weil man selber nicht loslassen kann. Ich möchte niemanden für seine Entscheidungen verurteilen oder zurecht weisen, da ich oft genug in solchen Situation dabei war und weiß wie schwer so etwas ist. Ich möchte zum Nachdenken anregen.

Was ich für bedenklich halte, ist die Angst vor rechtlichen Konsequenzen bei Ärzten und beim Pflegepersonal. Rechtliche Konsequenzen, weil Angehörige Anwälte einschalten, da sie nicht glauben, dass für ihren Angehörigen alles getan wurde. Daher neigen Personen, die sich in der Entscheidungspflicht befinden dazu, lieber mehr als weniger zu tun, egal ob sie es für medizinisch und ethisch sinnvoll erachten. Nur um eventuellen rechtlichen Konsequenzen zu entgehen.

Auf dem Gebiet muss sich in Zukunft noch viel ändern. Einige Dinge müssen von politischer und rechtlicher Seite dringend eindeutig geklärt werden, wie z.B. der Umgang mit Patientenverfügungen. Es herrschen viele Unsicherheiten auf diesem Gebiet, sowohl bei Medizinern als auch bei den Patienten. Welche Form ist rechtsgültig, wie muss sie aufgesetzt sein, was muss/soll in welcher Form drin stehen? Ich hoffe sehr, dass dieses Thema in Zukunft noch mehr Aufmerksamkeit bekommt und Klarheiten bei allen schafft. Niemand sollte sich in der Situation befinden Therapien durchführen zu müssen, weil die Patientenverfügungen nicht eindeutig formuliert sind oder andere Unsicherheiten bestehen.

Entscheidungen, die aus Angst vor negativen Konsequenzen für sich selbst getroffen werden, sind falsch und gefährlich.

Hierbei handelt es sich nämlich nicht um Entscheidungen, die aus fachkompetenter Sicht oder aus Sicht des Betroffenen gefällt werden, sondern aus Angst und Unsicherheit heraus.

Angst oder Unsicherheit sollten nicht die Grundlage für irgendeine Entscheidung sein.

Mich als Pflegepersonal muss das doch gar nicht so interessieren oder aufregen, ich treffe ja die Therapieentscheidungen nicht. Richtig, aber Ärzte und Pflegepersonal sind ein therapeutisches Team. Ich führe diese Anordnungen aus, bin diejenige die am Bett steht und die Auswirkungen der Therapieentscheidungen Stunde um Stunde, Tag um Tag beobachtet, diejenige die den meisten Kontakt mit dem Betroffenen und den Angehörigen hat.

Am Ende stehst du immer für dich alleine. Mit deinem Gewissen, deinen Wertvorstellungen, egal ob du die Anordnungen gibst oder ob du die Durchführung übernimmst. Du musst mit deinen Handlungen zurecht kommen. Du stehst dir allein gegenüber und musst dir in die Augen sehen können, egal ob du Arzt oder Pflegekraft bist.

Diese zwiespältigen Erlebnisse, die mir Gedanken machen, passieren Gott sei Dank nicht jeden Tag so und in dieser Form, aber sie kommen vor und zwar immer häufiger.

Mir persönlich ist es so ergangen, dass ich mich häufiger in Situationen sah, wo ich nicht mehr voll und ganz hinter dem stehen konnte was ich tat und mich unwohl dabei fühlte. Ich weiß nicht, ob sich meine moralischen Grundsätze geändert haben oder ob das Maß jetzt über die Jahre einfach voll war, so dass sich mein Körper anfing zu wehren. Doch wenn du in der Intensivpflege an diesen Punkt kommst, hast du nicht viele Möglichkeiten.

Entweder du schaffst es dir eine innere Mauer zu errichten, der es gelingt, alles was du tagtäglich erlebst, siehst, hörst von deinem inneren Kern abzuhalten oder du entfernst dich von der Intensivpflege.

Ich habe erst das eine versucht und dann das andere getan.

Intensivpflege und Intensivmedizin sind wichtige Errungenschaften unserer Zeit und wir brauchen sie, da auch immer jüngere Menschen schwer erkranken, die von den Maßnahmen der Medizin profitieren und dadurch die Möglichkeit haben weiter am Leben teilzunehmen. Die Pflege- und Ärzteteams, welche ich in meiner Zeit kennengelernt und mit denen ich gearbeitet habe, arbeiten immer so nah zusammen, dass auch viele Maßnahmen gemeinsam besprochen werden. Es ist also nicht so, dass das Pflegepersonal nur das ausführt was der Arzt anordnet. Wir dürfen und müssen sogar unsere Bedenken äußern, wenn uns Unstimmigkeiten auffallen oder wir Vorgehensweisen nicht nachvollziehen können.

In der Intensivmedizin und -pflege werden die Möglichkeiten des Machbaren immer größer und die Gedanken daran, ob das denn auch wirklich sinnvoll ist, immer weniger. Diese Entwicklung finde ich gefährlich.

Das soll nicht heißen, dass Menschen ab 80 Jahren nicht mehr intensivmedizinisch behandelt werden sollen. Jeder, egal welchen Alters, soll die medizinische und pflegerische Versorgung bekommen, die für ihn notwendig und sinnvoll ist. Aber ich möchte, dass der gesunde Menschenverstand eingeschaltet wird, dass über die Dinge die man tut nachgedacht wird bevor sie getan werden.

Wir haben die Technik und die damit verbundenen Möglichkeiten erschaffen. Jetzt haben wir auch die Verantwortung vernünftig damit umzugehen!

Trauer, Sterben, Tod.

In der Krankenpflege, auf der Intensivstation im besonderen, sind dies Empfindungen und Abschnitte des Lebens mit denen man sich als junger Mensch früh auseinandersetzen muss. Früher als normal und vor allem früher als man es möchte.

Es beginnt in einem Zeitabschnitt des eigenen Lebens, in dem man bis dahin meist noch keinen Toten gesehen hat und auch in der eigenen Familie noch keinen Sterbefall miterleben musste.

Man trifft auf eine völlig neue, belastende Situation, der man ziemlich alleine gegenüber steht.

Du musst mit deinen eigenen Gefühlen, mit den Gefühlen der anderen und mit dem Tod irgendwie zurecht kommen. Es passiert sehr viel emotionales in einer sehr kurzen Zeit. Trauer, Wut, Hysterie, Aggression, aber auch Dankbarkeit liegen nicht weit auseinander. Auf alles musst du vorbereitet sein.

Deine Aufgabe ist es dies zu überstehen, immer und immer wieder.

Ich erinnere mich noch ziemlich genau daran wie es für mich gewesen ist.

Es war im Mittelkurs, mein zweites Jahr in der Ausbildung, ich war 20 Jahre alt.

Mein Einsatz war auf einer internistischen Station. Ein Mann lag im Einbettzimmer und es ging ihm schlecht. Wir wussten, dass er sterben würde, er hatte Krebs.

Der Tag kam. Er verstarb und ich war im Dienst. Eine der Schwestern fragte, wer ihn mit ihr für die Familie vorbereiten würde und ihn danach mit ihr in die Prosektur bringt.

Ich sagte, dass ich das noch nie gemacht hätte und irgendwann müsste ich ja mal, also warum nicht heute. Die Kollegin fragte noch mal ob ich mir sicher sei, ich müsste nicht. Ich wollte, aber ich hatte Angst, ich hatte ja noch nie einen Toten gesehen. Aber das sagte ich natürlich niemandem.

Sie öffnete die Zimmertür, ich ging hinter ihr. Wir traten in das Zimmer, sie ging einen Schritt nach rechts und da sah ich ihn. Blass, eine ganz komische Hautfarbe, der Mund war nach unten geklappt die Augen geschlossen. Ich blieb wie angewurzelt und stocksteif stehen, Tränen stiegen mir in die Augen, ich sagte nur ich kann nicht, drehte mich um und lief raus. Ich war so geschockt, dieser Anblick hat mich so getroffen, dass mir in dem Moment kein klares Denken mehr möglich war. So hatte ich mir das nicht vorgestellt. Die Kollegen damals waren sehr nett. Sie kamen zu mir, fragten mich was los sei und ob es mir gut ginge. Als sie herausfanden, dass ich noch nie einen Toten gesehen habe, erklärten sie mir warum er so eine komische Hautfarbe hatte und dass sich der Mensch nach dem Sterben sehr verändern würde. Das half mir und nach ein paar Minuten gingen sie noch einmal zusammen mit mir zu dem Verstorbenen. Ich musste nichts tun, aber ich wollte ihn sehen. Ich sah ihn und ich sehe ihn heute noch, wenn ich an diesen Tag zurück denke.

Seit diesem Tag habe ich so viele Menschen sterben sehen, dass ich nicht mehr weiß wie viele es waren, aber ich weiß, dass es sehr viele mehr waren als bei anderen 30jährigen.

Umgang mit Verstorbenen.

Jeder von uns geht anders mit dem Sterben, dem Tod und den Verstorbenen um.

Es kommt auf unsere Erfahrungen, unsere kulturelle Entwicklung und unsere religiösen Ansichten an.

Viele wissen nicht wie sie versorgt werden möchten, wenn sie einmal sterben. Verständlich, denn warum sollte man sich Gedanken darüber machen während man lebt? Warum soll ich mich da schon mit meinem eigenen Tod beschäftigen?

Am Ende liegt es dann an denen die zurückbleiben zu entscheiden was geschieht, was der Verstorbene gewollt hätte, wenn er keine Vorbereitungen getroffen hat. Für viele Angehörige ist das sehr schwierig.

Aber wie gehe ich als Pflegepersonal auf der Intensivstation mit Verstorbenen um?

Da dies leider ein Thema ist welches häufiger vorkommt als man es sich wünscht, ist es notwendig sich damit auseinanderzusetzen. Und jeder Pfleger, jede Schwester hat nach Jahren sein eigenes kleines Ritual. Manchmal fällt es uns selbst noch nicht einmal auf oder wir streiten es ab, aber wir tun es alle.

Bei einigen ist es ein kurzes Hand auflegen, der nächste spricht ein kurzes Gebet, wieder andere beziehen das Bett frisch bevor die Angehörigen sich verabschieden kommen.

Ich selber hatte über die Jahre auch mein eigenes Ritual entwickelt.

Wenn ein Mensch verstorben ist wasche ich ihn und ziehe ihm ein neues Hemd an. Wenn die Zeit bleibt, beziehe ich auch gerne das Bett frisch und führe bei den Männern die Bartrasur durch. Auf jeden Fall kämme ich ihnen die Haare, schließe ihre Augen und nach Möglichkeit den Mund. Während dieser Zeit, in der ich den Verstorbenen fertig mache, habe ich die Möglichkeit mich persönlich von ihm zu verabschieden, ihm Ruhe zu geben, ihn und seine Geschichte gehen zu lassen. Zum Schluss trete ich vom Bett zurück, öffne das Fenster einen Spalt, halte kurz inne und verlasse dann das Zimmer um die Familie zu holen.

Da ich nicht weiß was nach dem Tod kommt, möchte ich zumindest, dass der Verstorbene eine gute Erscheinung macht, egal wem oder was er gegenüber tritt. In einigen Religionen oder Kulturen ist es Brauch das Fenster zu öffnen oder den Toten nach draussen zu bringen, damit seine Seele frei ist und nicht in dem Raum gefangen bleibt. Der Gedanke gefällt mir, deswegen öffne ich für jede Seele die gehen möchte das Fenster.

Diese ganzen Dinge und Vorgehensweisen mögen abergläubisch klingen und es mag für manchen komisch sein so zu handeln. Das darf jeder für sich entscheiden. Aber gerade beim Tod und Sterben habe ich gemerkt, dass jeder von uns ein kleines oder größeres Ritual braucht, um mit dem Geschehenen abschließen zu können. Und in einem Arbeitsbereich, in dem man so viel mit dem Tod und Sterben konfrontiert wird, finde ich es wichtig für sich einen Weg zu finden die Toten gehen zu lassen ohne selbst daran zu zerbrechen. Wenn mir ein Ritual dabei hilft dies tun zu können, nehme ich es gerne an und führe es durch, jedes Mal.

Zum Glück kann jeder für sich entscheiden wie, was und ob er dies tut. Wichtig ist nur die Möglichkeit dazu zu haben.

Schön ist es auch in diesem Zusammenhang die Familien des Verstorbenen mit einzubeziehen oder auch sie allein zu lassen um ihr persönliches Ritual durchzuführen, wenn diese es wünschen. Es gibt so viele verschiedene Vorgehensweisen, Umgehensweisen und Abschiedsrituale, je nach Kultur, Religion und Persönlichkeit.

Gerade am Ende des Lebens finde ich es wichtig Individualität zuzulassen und auch auf einer Intensivstation Möglichkeiten zu schaffen, diese Individualität zu leben.

Trauer.

Trauer ist etwas was sich schwer be-
schreiben lässt. Es ist eins der stärksten Gefühle, welches der Mensch in der Lage ist zu
empfinden. Es ist ein Gefühl, welches jeder
für sich anders erlebt und wahrnimmt. Und
niemand kann einen davon befreien.

Trauer erleben wir alle zu unterschiedlichen Zeitpunkten unseres Lebens, in unter-
schiedlicher Intensität und in unterschiedli-
cher Häufigkeit.

Aber welche Trauer ist die schlimmste?
Die Trauer einen geliebten Menschen für
immer verloren zu haben? Die Trauer einer
verloren gegangenen Liebe?

Jede Art für sich kann so stark, so unberechenbar, so schmerzhaft sein, dass sich nicht entscheiden lässt welche die stärkste Art von Trauer darstellt. Sie ist immer schlimm, immer stark und immer verletzend.

Andere Menschen in ihrer Trauer zu erleben erfordert manchmal viel Kraft, denn du weißt nie was als nächstes passiert. Du musst auf alles gefasst sein.

Stille Trauer ohne Tränen. Trauer, die laut hinausgeschrien wird, in der literweise Tränen vergossen werden. Trauer, die in Wut umschlägt und dir Aggressivität entgegenbringt. Trauer, die so stark, so lähmend ist, dass der Körper sie nicht tragen kann und er in sich zusammenfällt.

Als Pflegekraft auf der Intensivstation begegnest du ihnen allen, mehrfach und immer wieder. Jedes Mal, wenn du an dem Bett eines Sterbenden oder Verstorbenen stehst. Jedes Mal wenn, du Angehörige in dieser Situation begleitest.

Egal wie lange der Patient bei dir lag, egal wie alt er ist, egal wie gut du die Angehörigen kennengelernt hast. Es ist jedes Mal eine neue, unbekannte Situation auf die du dich einstellen musst, die du bewerkstelligen musst. In der du stärker sein musst als die Trauer, die dir entgegenschlägt.

Halte deinen Rücken frei. Du musst die Möglichkeit haben gehen zu können, manchmal auch unauffällig gehen zu können. Entweder weil du merkst, dass die Familie alleine sein möchte oder weil du merkst, dass du der Situation nicht gewachsen bist. Halte dir den Rücken frei, um Hilfe holen zu können, um ungebetene Gäste fern zu halten, um das Gefühl für dich zu haben jederzeit gehen zu können.

Trauer ist in der Lage Menschen zu verändern. Sie kann Kräfte freisetzen, sie kann Kräfte nehmen. Sie ist unberechenbar. Und sie bleibt so lange wie du sie lässt, wie du sie brauchst.

Was sagst du zu jemandem der trauert? Gibt es Worte, die alles ungeschehen machen? Nein, die gibt es nicht. Sei ehrlich, wenn du etwas sagst, verspreche nichts was nie passieren wird.

Sicher ist, das Leben geht weiter. Irgendwann, irgendwie. Du wirst wieder glücklich sein und dein Leben genießen. Nicht heute, nicht morgen, aber es wird kommen und du wirst es annehmen.

Der verlorene Mensch und die Trauer
werden in deinem Herzen bleiben, aber nur
noch einen kleinen Teil einnehmen, dich
nicht mehr zerreißen. Es wird ein Teil von dir
bleiben, zu deinem Leben gehören, aber das
neue Glück wird stärker sein und dir zeigen
wie schön das Leben sein kann.

Schüler.

In meiner Zeit als Intensivkrankenschwester hatte ich die Aufgabe auf unserer Station die Anleitung der Auszubildenden zu übernehmen und zu gestalten.

Das war die Aufgabe, die mir von allen am meisten Spaß gemacht hat und in welche ich sehr viel Energie und Leidenschaft investierte. Die Auszubildenden, welche auf unserer Station eingesetzt waren, befanden sich bereits im letzten Ausbildungsjahr und waren in der Regel für 5-8 Wochen bei uns. Es ging darum ihnen einen Einblick in die Intensivpflege zu geben und für sich die Möglichkeit zu schaffen entscheiden zu können, ob die Intensivpflege als zukünftiger Arbeitsbereich in Frage kommt.

Die Erfahrungen, die ich in der Zeit gemacht habe und sammeln durfte, trugen zu einem nicht unwesentlichen Teil zu meinem weiteren Werdegang bei.

Eine besondere Situation für mich war die Anleitung meiner letzten Schülerin.

Zu dem Zeitpunkt als sie zu uns kam, wusste ich noch nicht, dass sie meine Letzte werden würde und mir stets besonders in Erinnerung bleiben würde.

Sie war für acht Wochen bei uns eingeteilt, was eine sehr kurze Zeitspanne ist und maximal für einen Einblick in die Intensivpflege reicht. Bei jedem Schüler gab ich mir Mühe aus der Zeit das Maximum für die jeweilige Person rauszuholen, sodass sowohl der Schüler als auch ich am Ende des Einsatzes eine Vorstellung davon hatten, ob die Intensivpflege ein geeigneter Arbeitsbereich für diese Person wäre.

Diese Schülerin war im Oberkurs, also im letzten Jahr ihrer Ausbildung und stand kurz vor ihrem Examen. Nach sehr kurzer Zeit bemerkte ich, dass sie ein sehr aufgeweckter, interessierter Mensch war und die Art wie sie mit den Patienten umging, wie gewissenhaft sie ihre Aufgaben erledigte machte mir sehr schnell klar, dass sie hier richtig war. Auch meine Kollegen und vor allem sie selbst bestätigten mir diesen Eindruck. Sie fühlte sich bei uns und in der Arbeit die sie tat sehr wohl und lernte unheimlich schnell.

Ich konnte mit ihr sehr schnell auch weiterführende Themen besprechen und sie durchaus einen tieferen, komplexeren Blick in die Intensivpflege werfen lassen. Sie forderte mich in meiner Position als Praxisanleiterin und es machte mir enorme Freude sie lernen zu sehen.

Und so gaben wir ihr die Möglichkeit nach dem Examen bei uns als examinierte Krankenschwester anzufangen. Ab September desselben Jahres gehörte sie dann fest zu unserem Team.

Sie wurde in meine Schicht eingeteilt und so ergab es sich, dass ich zusammen mit meinen Kollegen erneut ihre Anleitung auf unserer Station übernahm. Wir stellten sicher, dass sie in den alltäglichen Aufgaben zurechtkam, sich sicher fühlte und bauten nach und nach darauf auf. Sie wurde immer selbständiger und wußte wann sie Unterstützung brauchte und wann nicht. Es war ein Genuss dieser Entwicklung zuzugucken und zu sehen, dass ich etwas richtig gemacht hatte. Wir sprachen oft miteinander, gerade wenn es auch zu Grenzerfahrungen kam, weil mir wichtig war, dass sie früh lernt mit diesen maximalen Erfahrungen umzugehen und sie zu verarbeiten. Sie nicht zu verdrängen und zu warten, dass sie sich von alleine erledigen, zu wissen, dass sie nicht alleine ist.

Nach einigen Wochen, es war Anfang Dezember, hatte ich Spätdienst mit dieser jungen Kollegin. Wir hatten unsere Patienten aufgeteilt, es war ein ruhiger Dienst.

Von einem auf die andere Minute verschlechterte sich die Patientin meiner jungen Kollegin. Ich sah sie den Notfallwagen holen und mit dem Stationsarzt im Patientenzimmer verschwinden. Sie wirkte konzentriert, aber nicht hektisch. Ihre Bewegungen waren schnell und kontrolliert. Ich folgte den beiden ins Zimmer. Eine weitere Kollegin kam dazu. Ich bat sie zu gehen, nicht einzugreifen, sie guckte mich fragend an und ging. Ich beobachtete die Situation, verfolgte das Zusammenspiel meiner jungen Kollegin und des Arztes. Er gab klare Anweisungen, sie wußte was sie zu tun hatte. Die beiden hatten die Situation im Griff. Die Patientin wurde intubiert, stabilisiert, Medikationsänderungen vorgenommen. Es wurde alles getan was die Situation erforderte.

Ich beobachtet die Szene, sie bemerkte gar nicht dass ich da war. Sie bemerkte nicht, dass sie diese Notfallsituation vollkommen allein bewältigte.

In diesem Moment wurde mir klar, sie war meine letzte Schülerin.

In drei Wochen werde ich diese Station, diese Kollegin für immer verlassen.

Ich drückte mich von der Wand ab, an der ich gelehnt hatte, hatte Tränen in den Augen, verließ leise das Zimmer. Ich war stolz.

Meine letzte Schülerin war flügge geworden, sie brauchte mich nicht mehr.

Meine Arbeit hier war getan.

Patientenerinnerungen.

Es ist erstaunlich wieviele Menschen einem über die Zeit von fast 10 Jahren in Erinnerung bleiben. „Du arbeitest mit so vielen Menschen zusammen und erlebst so viele Dinge, da bleiben doch bestimmt einige Patienten in Erinnerung." Ja, sicher!

Was glauben Sie wieviele? An wieviele Patienten und ihre Geschichten erinnere ich mich? Es sind genau drei!

Ehrlich gesagt, ich war selber erstaunt als ich diese Zahl gesehen habe, aber es sind tatsächlich drei Patienten, ihre Geschichten und Angehörigen an die ich zeitweise noch denke und an die ich mich gut erinnere, die mich begleiten.

Der erste.

Ihn traf ich in meiner Anfangszeit der Intensivpflege, im ersten oder zweiten Jahr. Bei ihm weiß ich noch ganz genau in welchem Bett er lag, wie er aussah. Ich erinnere mich an seine Tochter.

Mit ihm verbinde ich ein positives Gefühl. Woran ich mich allerdings nicht erinnern kann, ist sein Name und was das Ende seiner Geschichte war. Und trotzdem denke ich gerne an ihn zurück, denn er und seine Familie waren mein erstes positives und prägendes Erlebnis in der Intensivpflege.

Dieser ältere Herr lag lange bei uns auf der Intensivstation, insgesamt mehrere Wochen. Er war sehr krank und lange beatmet. In dieser Phase lernte ich ihn kennen. Da er beatmet war konnte er nicht sprechen und außerdem bekam er Medikamente zur Sedierung, sprich zum schlafen. Jeden Tag kam seine Tochter zu Besuch und über die lange Zeit kommt man sich zwangsläufig näher und unterhält sich miteinander. Ich merkte schnell, dass diese Frau unheimlich an ihrem Vater hing und ihn liebte, sie erzählte uns

Geschichten von ihm und so lernte auch ich ihn besser kennen, ohne ein einziges Mal mit ihm gesprochen zu haben.

Was mir an der Tochter imponierte war ihre Stärke. Für eine ganz lange Zeit schaffte sie es für alle anderen da zu sein und nicht an sich selbst zu denken. Sie war immer sehr positiv gestimmt und hatte stets ein Lächeln für jeden übrig.

Der Moment, der für mich so besonders war und der wahrscheinlich der Grund ist, dass ich immer noch an diesen Herrn denke, geschah nach ein paar Wochen. Ich kam zum Dienst und hatte ihn einige Tage nicht gesehen. Mittlerweile war er extubiert, also ohne Beatmung, und konnte sprechen. Ich habe mich so erschrocken, als ich ihn ansah und er mich mit einem „Hallo" begrüßte. Ich grüßte ihn zurück und hatte Tränen in den Augen. Es war für mich so ein besonderes Gefühl, diese Stimme von ihm, die ich noch nie zuvor gehört hatte, auf einmal zu hören, das war einfach toll. Mit jemandem Wochen zu verbringen, sich täglich um ihn zu kümmern, ihn zu pflegen, zu ihm zu sprechen ohne eine Antwort zu erhalten, durch Erzählungen seiner Tochter schon so viel von ihm zu wissen und sich dann plötzlich darüber klar zu werden, dass einem das Wichtigste von diesem Menschen, seine Stimme, bis jetzt verborgen war, hat mich umgehauen. Später an dem Tag sagte er zu mir, dass er mich zwar heute das erste Mal sehen würde, aber er sei der Meinung mich schon länger zu kennen. Ich sagte zunächst nichts darauf, aber ich merkte wie sich mir die Nackenhaare aufstellten. Ich war gespannt auf das was jetzt kommen würde. „Ich kenne ihre Stimme, es kommt mir vor als wenn ich sie schon sehr oft gehört hätte. Ich kann mich zwar nicht an die Worte erinnern, aber an den Ton."

Da war ich das zweite Mal an diesem Tag völlig erstaunt.

Wir nehmen immer an, dass Patienten, die Medikamente einer bestimmten Sorte erhalten nahezu nichts von ihrer Umgebung wahrnehmen. Dieser Tag lehrte mich anders!

Ich setzte mich zu ihm und erzählte ihm in groben Zügen was in den letzten Wochen passiert war, wie lange er schon bei uns lag und das ich ihn häufig betreut habe und ihm oft irgendwas vom Tag erzählt habe, wenn ich bei ihm in der Nähe war oder an ihm etwas machen musste. Wahrscheinlich hatte sich durch die Häufigkeit meiner Anwesenheit und über die lange Dauer meine Stimme in seinem Unterbewusstsein eingeprägt und er erkannte sie wieder.

Bei diesem älteren Herrn habe ich gelernt, wieviel die Stimme eines Menschen diesen ausmacht. Wir sollten nie davon ausgehen, dass unser Unterbewusstsein völlig abgeschaltet werden kann.

Seit diesem Erlebnis bin ich immer vorsichtig wie und was ich in Gegenwart der Patienten sage und freue mich jedesmal über eine neue Stimme.

Der zweite.

An ihn kann ich mich noch gut erinnern. Ich traf ihn vor ein paar Jahren. Einige Jahre hatte ich bereits in der Intensivpflege gearbeitet und auch ein paar Erfahrungen gesammelt. Aber man lernt ja nie aus.

Dieser Herr lag ebenfalls lange bei uns auf der Station, insgesamt meine ich drei Monate sogar. Er war noch nicht so alt, aber er hatte eine Odyssee an Operationen hinter sich. Eigentlich fing alles ziemlich harmlos an, aber er bekam so ziemlich alle Komplikationen, welche die Medizin zu bieten hat. Er war lange beatmet, wurde später auch tracheotomiert (Luftröhrenschnitt) und mehr als einmal hatten wir angenommen er würde das alles nicht überleben. Er hat gekämpft, seine Frau hat für ihn gekämpft, wir haben für ihn gekämpft und er lebt und es geht ihm gut.

Von ihm habe ich gelernt, dass es nicht immer schlechtes bedeuten muss, wenn sich der eigene Geist nicht in der Gegenwart befindet und sich für einige Zeit seine eigene Wirklichkeit schafft.

Dieser Herr befand sich viele, lange Tage in einem sogenannten Durchgangssyndrom oder auch akute organische Psychose genannt. Dieser Zustand tritt häufig bei älteren Menschen nach großen operativen Eingriffen, kombiniert mit stationärem Aufenthalt und Stress auf. Es beginnt plötzlich, typischerweise am zweiten oder dritten postoperativen Tag, und dauert meist Stunden bis wenige Tage an. Die Patienten können unterschiedliche Symptome aufweisen, wie abrupte Stimmungswechsel, Schlafstörungen, Alpträume und auch Halluzinationen, Desorientiertheit, aber auch Aggressivität und Weglauftendenzen. Das gute an dieser Art des Psychosyndroms ist, dass es in der Regel selbständig wieder verschwindet ohne dauerhaften Schaden bei dem Betroffenen zu hinterlassen. Allerdings sind die Tage, die es anhält, für alle Beteiligten sehr anstrengend und sowohl die Sicherheit des Patienten als auch die Sicherheit anderer Personen muss gewährleistet werden. Zeitweise sind deswegen Maßnahmen wie die Gabe bestimmter Medikamente zur Beruhigung, wie auch die Fixierung des Betroffenen leider notwendig.

Wichtig ist allerdings stets auszuschließen, dass es sich bei dem Zustand des Patienten nicht um eine andere Komplikation oder schwerwiegende Erkrankung handelt, die sich in denselben Symptomen wie einem Durchgangssyndrom äußern können. Jeder einzelne von diesen Patienten benötigt seiner Situation entsprechend eine individuelle Umgehensweise damit. Was für den einen gut ist, kann für den nächsten schon wieder falsch sein.

Bei diesem Herrn war es so, dass er Dinge sah, die so nicht da waren, aber er wußte wer wir waren, wer er war und meistens auch dass er sich im Krankenhaus befand. Allerdings passierten oft Kleinigkeiten, die das ganze Bild ins wanken brachten.

An einem Tag holte ich ihm die Tageszeitung und er bedankte sich. Ich drehte mich um, um das Zimmer zu verlassen. Kaum am

Fussende des Bettes angekommen rief er plötzlich ganz laut „Bleib stehen, aufpassen!" Ich hab mich vielleicht erschrocken und blieb tatsächlich stehen, auch wenn ich nichts ungewöhnliches bemerken konnte. Er sah mich an, war völlig erschrocken und sagte „Hast du denn den Dampfer nicht gesehen? Der hätte dich fast überfahren." Ich war zunächst so sprachlos, dass ich mich einfach bei ihm bedankte, dass er auf mich aufgepasst hat und verließ das Zimmer. Er nahm seine Zeitung, bedankte sich, dass ich ihm sie gebracht hatte, setzte seine Lesebrille auf und las.

Bei einer anderen Gelegenheit mobilisierten wir ihn zu zweit aus dem Bett in einen Lehnsessel. Wir stellten den Sessel neben das Bett und hatten so noch ungefähr 50 Zentimeter Platz bis zum Fenster. Alles lief wie immer, er half gut mit, stand kurz, setzte sich in den Sessel. In nächsten Moment tat ich einen Schritt zwischen Sessel und Fenster. Er umfasste plötzlich fest meinen Arm, zog mich zu sich, guckte ängstlich und schob mich vorsichtig vor den Stuhl, weg vom Fenster. Ich ließ alles mit mir geschehen. Das kam so plötzlich und ich merkte er wollte mir helfen, mir nicht weh tun. Ich fragte ihn was passiert sei. Er ließ meinen Arm langsam los und sagte ganz erschrocken „Da müssen wir unbedingt ein Geländer hin machen. Stell dir mal vor eins von den Kindern fällt plötzlich die Treppe da runter. Das ist ja gefährlich!" Ich sah auf den geschlossenen Linoleumboden neben dem Sessel und gab ihm Recht. Ich versprach mich darum zu kümmern. Auf meine Frage, ob er denn jetzt so da sitzen bleiben wolle antwortete er „Ja, aber wenn Sie mich bitte noch ein Stück zum Fenster fahren, dann kann ich auch raus gucken."

Von diesen und ähnlichen Erlebnissen hatte ich einige mit ihm. Jedes Mal überlegte ich, ob es besser wäre ihn sofort darauf aufmerksam zu machen, dass die Dinge nicht so sind wie er sie im Moment wahrnimmt. Es gibt sehr geteilte Meinungen darüber, wie man mit diesen Situationen und den Patienten umgehen sollte. Ich habe für mich die Erfahrung gemacht, dass es den meisten Patienten nichts bringt, wenn man sie in dem Moment direkt zurechtweist, sondern es ihnen nur Stress bereitet. Denn sie nehmen die Dinge ja im Moment eben so wahr wie sie sie sehen und da lässt sich nur sehr schwer Überzeugungsarbeit leisten.

Bei diesem Patienten entschied ich mich so zu handeln wie ich es beschrieben habe und wir kamen für die Tage, die es dauerte gut zurecht.

Es ergab sich aus unterschiedlichen Gründen, dass ich ihn nach seinem Aufenthalt bei uns auf der Station noch einige Male besuchte. Er freute sich immer und für mich war es schön zu sehen, dass er sich so gut erholt hatte, auch geistig hatte er keine Schäden zurück behalten. An einem Tag fragte ich ihn, ob er sich eigentlich noch an alles aus den drei Monaten erinnern konnte. Er antwortete, dass seine Frau ihm einiges erzählen würde, aber an die meisten Sachen hat er keine Erinnerung. Ich erzählte ihm von ein, zwei Geschichten aus der beschriebenen Episode. Er bekam ganz große Augen, das war ihm völlig fremd und wir einigten uns darauf, dass er sehr viel durchgemacht hat und man sich wirklich nicht an alles erinnern muss was in dieser Zeit geschehen ist. Er bedankte sich wohl noch, dass wir ihm sein Verhalten nicht übel genommen hätten.

Diese Erlebnisse mit diesem Patienten, meine Umgehensweise damit und seine Erinnerungen zeigen mir, dass es nicht falsch gewesen ist für eine kurze Zeit eine Rolle in

seiner Gegenwart einzunehmen, auch wenn
diese nicht dem entsprach was gerade Wirklichkeit war.

Der dritte...

Kraftlos.

Manchmal fühle ich mich so kraftlos. Es gelingt mir kaum den Weg zur Arbeit zu bewältigen. Ich möchte da nicht hin. Ich möchte nicht wieder Stunden damit zubringen fremden Menschen beim Sterben zuzusehen, die Trauer der Angehörigen miterleben, nichts tun können. Weder kann ich diesem Menschen helfen, dass er gesund wird, noch kann ich etwas tun um ihn schneller von seinem Leid zu erlösen. Ich kann nur daneben stehen und zusehen. Ihn pflegen als wäre er noch bei uns und als gäbe es etwas zu retten. Äußerlich handele ich so, innerlich frage ich mich wofür ich das eigentlich tue. Eine

Handlung zu vollziehen, etwas zu tun mit dem Wissen, dass es für das Ergebnis egal ist, weil das Ergebnis bereits klar ist, raubt mir jegliche physische Kraft. Beim Lagern kommen mir die Patienten noch schwerer vor als sie ohnehin schon sind. Meine Schultern schmerzen und ich könnte auf der Stelle anfangen zu weinen, weil mir die Kraft fehlt. Mir fehlt die Kraft das hier weiter zu machen. Mir fehlt die Kraft weiter nach aussen stark zu sein, obwohl ich innerlich bereits zerbreche. Ich will das alles einfach nicht mehr. Ich will das es aufhört. Ich will das es aufhört mir schlecht zu gehen bei dem was ich jeden Tag tue.

Was ich zu dem Zeitpunkt noch nicht wusste, es wird diese Nacht aufhören.

Seit Monaten, eigentlich seit gut einem Jahr, befasse ich mich damit wie es mit mir weiter gehen soll. Ich weiss, dass ich hier auf der Intensivstation so nicht mehr arbeiten will, nicht mehr arbeiten kann. Ein Teil von mir ist hier bereits kaputt gegangen, es darf nicht noch mehr werden. Aber was soll ich stattdessen tun?

Ich hatte Glück. Die Praxisanleiterweiterbildung brachte mich zurück an meine alte Krankenpflegeschule und zu meinen alten

Lehrern. Die Zeit in der Weiterbildung und viele Gespräche mit einer Lehrerin brachten mich zu der Erkenntnis, die eigentlich schon lange in mir war, ich möchte unterrichten. Ich bekam die Chance testweise an der Schule zu unterrichten und es bereitete mir sehr viel Freude. Die Vorbereitung, der Unterricht selbst, der Austausch mit den Auszubildenden. Ich fühlte mich wohl bei dem Gedanken und ich glaubte meine nächste berufliche Station gefunden zu haben. Jetzt muss nur noch ein Studienplatz her. Der sollte mir aber in diesem Jahr verwehrt bleiben.

Zunächst brach für mich eine Welt zusammen. Das war im April. Ich hatte die Einschreibefrist knapp verpasst. Ich war sehr traurig und fiel in ein Loch, wusste nicht wie ich die Zeit im Stationsalltag bis zum nächsten Jahr überstehen soll. Nach einigen Tagen entschied ich mich dann, meine Energie in die Praxisanleitung zu legen und zu versuchen den Rest nicht mehr so nah an mich rankommen zu lassen. Für eine Zeit ging das ganz gut. Ich hatte neue Energie, war der Meinung das Jahr bis zur nächsten Einschreibephase und dem Beginn des Studiums noch gut rum zu bekommen. Es geht ja schließlich nur um ein Jahr.

Aber so ein Jahr ist verdammt lang.

Es dauerte ungefähr drei Monate und ich wurde wieder zunehmend unruhiger, unzufriedener, trauriger, gereizter, konnte mich an ziemlich wenigen Dingen erfreuen. Es erstreckte sich in mein Privatleben. Ich kam nach Hause, um meinen Frust, meinen Unmut rauszulassen, zu weinen. All das zu tun, was ich auf der Arbeit nicht getan hatte, was ich aber vielleicht besser dort hätte tun sollen. Mehrmals kam zu Hause das Thema auf meine Stelle zu reduzieren oder ganz aufzuhören, eine Pause zu machen. Ich wollte das nicht. Ich wollte mir nicht eingestehen, dass ich es einfach nicht mehr schaffte, nicht mehr konnte, nicht mehr wollte. Ich wollte nicht schwach sein. Ich war immer stark, war immer für alle da, die die erst zuletzt an sich dachte. Ich sollte hier klein begeben, zugeben dass ich dem Druck, den ich mir teilweise selbst auferlegt hatte, nicht mehr standhielt, nicht stark genug war um dauerhaft in der Intensivpflege zu arbeiten?

Ich war noch nicht bereit dafür ehrlich zu mir selbst zu sein.

Doch dann kam die Nacht, in der mein Körper mir zeigte, dass er jetzt nicht mehr bereit war, länger das zu tragen was ich in meinem Inneren durchmachte und versuchte zu ignorieren.

Der dritte Patient.

Dieser dritte Patient und sein Schicksal wurde auch mein letzter.

Nach dieser Nacht, mit diesem Patienten entschied ich mich zu kündigen und die Intensivstation zu verlassen.

Er war nicht der Auslöser für diese Entscheidung, aber er war sozusagen der Tropfen, der das Fass zum Überlaufen brachte.

Es war meine fünfte Nacht, die Nacht von Freitag auf Samstag im November. Noch zwei Nächte mehr und ich hätte eine Woche frei gehabt. Wenn diese eine Nacht nicht so gelaufen wäre wie sie es letztendlich getan hat, bin ich der festen Überzeugung, dass ich jetzt immer noch dort wäre. Und es würde mir weiterhin schlecht gehen, aber ich würde mich weiter durchschlagen ohne zu erkennen was ich mir selber damit antat.

Der Patient war ein älterer Herr. Er lag die zweite Nacht bei uns auf der Station. Er war in schlechtem Allgemeinzustand, aber in der ersten Nacht hat er sogar für uns gesungen. Das tat er gerne. Es war unklar warum er diesen reduzierten Allgemeinzustand hatte. Wir wussten nur er hatte erhöhte Entzündungsparameter und die Ultraschalluntersuchung ließ auf eine Entzündung der Gallenblase schließen. Über Tag wurde er operiert, ihm wurde die Gallenblase entnommen. Als wir zu jener Nacht den Dienst antraten war sein Zustand zunächst stabil. Aber kurz darauf änderte sich dies. Erst war es nur ein komisches Gefühl. Manchmal haben wir Pflegekräfte so etwas. Wir nahmen sofort alle Blutwerte ab, informierten den diensthabenden Arzt. Und dann ging alles sehr schnell, er wurde reanimationspflichtig.

Das war keine unübliche Situation auf einer Intensivstation. Aber in dieser Nacht war ich anders. Ich konnte das einfach nicht, ich konnte nicht bei dieser Reanimation dabei sein oder gar Hand anlegen.

Durch Gespräche mit der Tochter des Patienten und mit ihm selber, wußte ich, dass er diese Situation nicht wollte. Wenn sein Ende kommt, dann wollte er es annehmen. Ich hatte eine persönliche Bindung zu dem Patienten aufgebaut und ich wollte nicht daran beteiligt sein, ihn noch Tage an Maschinen verbringend zu sehen. Ich verließ das Zimmer. Meine Kollegen übernahmen. Sie reanimierten lange, aber es half nicht. Der alte Mann verstarb in dieser Nacht. Und mit seinem Tod und den Gefühlen, die ich dabei empfand regte sich bei mir ein Gedanke. Zunächst war es nur ein Gefühl. Dieses Gefühl sagte mir, dass all das hier nicht das ist was ich mein Leben lang tun möchte und konnte. Zunächst trat ich auch dieses Gefühl nieder. Aber später in dieser Nacht fühlte ich mich nicht gut. Mir war schlecht, ich bekam Kopfschmerzen, meine Hände zitterten mehr als sonst, mir wurde kalt, ich bekam Schweißausbrüche und mein Herz fing an zu rasen. Mein erster Gedanke war, dass ich vielleicht etwas falsches gegessen hatte, aber es wurde nicht besser. Mein Freund holte mich um 4 Uhr ab und brachte mich nach Hause, packte mich ins Bett. Ich schlief bis zum frühen Nachmittag. Als ich aufstand fühlte ich mich besser, aber sehr schwach. Als ob ich eine schwere Grippe durchgemacht hätte. Immer noch wehrte ich den Gedanken ab, dass mein Körper mir etwas sagen wollte.

Am frühen Abend saß ich über dem Urlaubsplan für das kommende Jahr und wußte einfach nicht wo ich meinen verdammten Urlaub eintragen sollte. Ich brach in Tränen aus und schmiss das Blatt durch den Raum.

„Ich will das alles nicht mehr!" Mein Freund hob das Blatt auf, setzte sich zu mir.

„Dann hör auf damit."

Schon lange war ich unglücklich mit dem was ich tagtäglich machte und oft gab er mir die Möglichkeit, wenn ich es wollte, mir eine Auszeit zu nehmen. Bis jetzt wollte ich nicht. Ich dachte ich müsste stark sein, dachte eine Kündigung wäre eine Kapitulation, ein Eingeständnis von Schwäche.

An diesem Wochenende war es aber endlich so weit. Ich verstand, dass es so nicht mehr weiterging. Was in dieser Nacht passierte, war das letzte Signal meines Körpers mir unmissverständlich klar zu machen, dass es so nicht weiter ging. Ich hatte die Signale meines Körpers lange ignoriert. Jetzt ging es nicht mehr und ich hörte auf. Drei Tage später reichte ich meine Kündigung ein. Sechs Wochen später war meine Zeit in der Intensivpflege Geschichte.

Trance.

Es ist Mitte Dezember.

Heute ist mein erster Arbeitstag nach meinem Urlaub.

Vor drei Wochen habe ich gekündigt.

Ich fühle mich wie in Trance, als wäre ich am falschen Platz. Alles kommt mir neu und doch so bekannt vor. Ich fühle mich als schaue ich von oben auf mich selbst herab und beobachte meine Bewegungen und Gedanken. Das alles hier berührt mich irgendwie nicht, kommt mir unwichtig vor, ich betrachte alles von ganz weit weg. Alles was ich sehe und höre ist wie in Watte gepackt, auch meine Kollegen behandeln mich irgendwie sanft, als könnten sie diese Watte, diesen Schutzwall, welcher mich umgibt, sehen.

In drei Wochen werde ich hier nicht mehr jeden Tag hin müssen.

Langsam wird mir bewusst was ich getan habe.

Dieser Teil meines Lebens wird bald nicht mehr zu mir gehören. Zumindest nicht mehr in meine Zukunft, höchstens noch in meine Vergangenheit. Mein Körper und mein Geist beginnen sich mit diesem Gedanken auseinanderzusetzen, sie versuchen sich von hier zu lösen.

Jede Bewegung, alles Denken fällt mir unheimlich schwer. Ich war es gewohnt immer auf 120% zu laufen, jetzt schaffe ich noch nicht mal 100%. Ich erschrecke teilweise vor mir selbst. Bin das wirklich ich? Ich kenne mich so nicht. Ich fühle mich als würden Tonnen auf meinen Schultern liegen und mich langsam von oben zusammendrücken. Im Moment kostet es mich alle Kraft aufrecht zu gehen, einen Schritt vor den anderen zu setzen. Für mehr habe ich keine Kraft mehr. Noch drei Wochen. Das schaffe ich. Hoffentlich schaffe ich es. Plötzlich bin ich mir meiner selbst nicht mehr sicher.

Pass auf dass niemand in dieser Zeit zu Schaden kommt. Mir fällt auf, dass ich mich selbst öfter kontrolliere als früher.

Ich behandle meine Patienten weiterhin gut, unterhalte mich mit Angehörigen, erledige meine Aufgaben. Aber mehr auch nicht. Mehr schaffe ich nicht.

Meine Kollegen merken meine Veränderung, sie sagen nichts, aber ich kann es in ihren Gesichtern sehen. Es tut mir leid, aber ich kann nicht anders. Ich bin froh, dass sie mir nichts zusätzlich auftragen, sie merken, dass ich es nicht schaffen würde. Es ist schlimm für mich zu sehen, dass sie mich in Watte packen.

Gleichzeitig bin ich aber auch dankbar dafür, dass sie es tun.

Ich kann beobachten wie mein Akku von Woche zu Woche, von Tag zu Tag leerer wird und sich nicht mehr aufladen lässt. Ich will auch nicht mehr, ich will einfach nur schlafen, bin müde, kraftlos, will nicht, kann nicht denken.

Als der letzte Tag anbricht, bin ich einerseits erleichtert. Andererseits weiß ich zwar, dass dies mein letzter Tag hier ist, aber richtig verstanden habe ich es noch nicht.

Als ich die Gesichter meiner Kollegen sehe, als ich erkenne wieviele von ihnen extra an ihrem freien Tag gekommen sind, wieviel Mühe sie sich mit Geschenken für mich gemacht haben, wird mir klar, dass sie sich an mich erinnern werden. Ich werde zwar in Zukunft körperlich nicht mehr hier sein, aber ich glaube, dass meine Persönlichkeit und das was ich hier getan habe, auch noch eine Zeit nach mir hier sein wird.

Ich verlasse an diesem Tag mein altes Arbeitsumfeld, lasse diese Vergangenheit hinter mir, ohne es richtig zu realisieren.

Ich fühle mich weiterhin wie in Trance, als wäre dies alles nicht echt, nicht wirklich passiert. Irgendwo weiss ich, dass es real ist, aber ich erwarte den Tag sehnsüchtig an dem ich aufwache und mir beim Öffnen meiner Augen klar wird, dass ich diesen Schritt wirklich gegangen bin und die Watte um mich herum verschwindet.

Ich freue mich auf den Tag an dem ich wieder klar sehen und denken kann. Auf den Tag an dem ich wieder froh bin ein Teil meines Lebens zu sein.

Und ich bin sicher, es wird ein guter Tag sein!

Vorstellungskraft.

Ob ich eine Vorstellung von dem Beruf der Krankenschwester hatte als ich die Ausbildung begann?

Zu dem Zeitpunkt war ich fest davon überzeugt.

Als ich die Ausbildung begann war ich 19 Jahre alt. Was wusste ich schon?

Ob ich eine Vorstellung von der Intensivpflege hatte als ich nach der Ausbildung auf einer Intensivstation anfing zu arbeiten?

Ich dachte zu wissen was auf mich zukommt. Mir war bewusst, dass es nicht einfach wird. Es würde etwas Besonderes werden, deswegen wollte ich in die Intensivpflege.

Ich war 22 Jahre alt als ich anfing in der Intensivpflege zu arbeiten.

Meine Vorstellungskraft reichte nicht aus.

Ob ich mir im Klaren darüber war, dass ich den Beruf der Fachkrankenschwester im Bereich der Intensivpflege nicht für immer ausüben werde?

Zum ersten Mal entfloh ich der Intensivpflege und ihrer Belastung mit 25. Ich dachte die Anästhesie würde mir mehr liegen. Hier gab es keine Schicksale, Familien und Tragödien mit denen ich mich länger auseinandersetzen musste. Nur die Narkose, das Erwachen und die Schmerzfreiheit. Für eine Zeit tat es mir gut. Doch es erfüllte mich nicht.

Mit 27 fand ich den Weg zurück in die Intensivpflege.

Diesmal hatte ich eine genaue Vorstellung von dem, was mich erwarten würde.

Genau aus diesem Grund wusste ich auch, dass dies nicht meine letzte Station sein würde. Es war eine Zwischenlösung.

Heute, mit 31 Jahren, mag ich die Krankenpflege und die Intensivpflege immer noch. Aber nach fast 10 Jahren Intensivpflege mit Fachweiterbildung und allem was damit zusammenhängt hat sie mich geschafft. Ich kapituliere! Ich kapituliere vor den körperlichen und psychischen Belastungen, die dieser Beruf mit sich bringt.

Ob ich diese Kapitulation als Schwäche sehe? Zunächst sah ich das so, ja.

Mittlerweile bin ich froh, mich mit mir auseinandergesetzt zu haben. Ich habe mich dazu entschlossen, etwas an meiner Situation zu ändern.

Wie konnte es so weit kommen? An welcher Stelle bin ich falsch abgebogen? Wo habe ich die falsche Entscheidung getroffen? Was hat dazu geführt, dass ich heute hier stehe und mir eingestehen muss, dass ich nicht mehr so weiter machen kann?

Hätte ich einen anderen Beruf gelernt, wäre dann heute alles anders, ginge es mir dann heute besser? Würde ich mich dann heute nicht mit dem Rücken an der Wand und vor mir einen Abgrund sehen?

Rückblickend gesehen bereue ich keine einzige der Entscheidungen, die ich für mich und mein Leben je getroffen habe. Alle Entscheidungen waren zu ihrem Zeitpunkt, in der Situation für mich und meine persönliche Entwicklung die Richtigen gewesen. Trotzdem bin ich jetzt an dem Punkt angekommen, wo ich mir eingestehen muss, dass ich nicht mehr so weiter machen kann wie bisher. Ich muss mir eingestehen, dass ich mich jetzt erneut entscheiden muss. Und diesmal geht es nicht darum zu entscheiden, machst du die Weiterbildung, gehst du zu diesem oder jenem Krankenhaus. Diesmal geht es um mich! Kämpfe ich darum mich wieder zu finden oder verliere ich mich im Nebel? Ich entschied mich für die Suche nach mir. Doch dafür hieß es mich von meinem jetzigen Arbeitsfeld zu trennen. Eine schwere, aber notwendige Entscheidung. So kehre ich nach fast 10 Jahren Intensivpflege dem Krankenhaus und der Krankenpflege den Rücken und versuche für mich einen neuen Weg raus aus dem Nebel zu finden, denn ich weiß da gibt es mehr, ich habe andere von Sonne und klarem Himmel reden hören. Und diese Welt da draussen möchte ich so gerne kennenlernen und in ihr wieder Kraft tanken und einfach glücklich sein!

Ruhe.

Es ist Ruhe eingekehrt in meinen Körper, in meiner Seele, in meinem Leben.

Ich habe den Mut gefunden eine Entscheidung zu treffen. Eine Entscheidung, die schon längst überfällig war, die ich nur nicht wahrhaben wollte. Aber irgendwann kommt der Zeitpunkt an dem du nicht mehr alle Zeichen ignorieren kannst. Der Zeitpunkt in dem dir klar wird, dass du etwas tun musst.

Dieser Zeitpunkt kam und ich traf eine Entscheidung. Diese Entscheidung brachte mir die Ruhe, die ich schon so lange vermisst habe, von der ich zunächst nicht wußte, dass sie mir fehlte.

Ich traf die Entscheidung meinen Beruf als Intensivkrankenschwester aufzugeben.

Einen Plan gab es nicht, ich wußte nur, dass ich da raus musste. Egal was kommen würde, egal wie es weiter geht.

Es ist erstaunlich wie lange der Geist braucht sich zu erholen, wieder klare Gedanken fassen zu können. Ich gab mir die Möglichkeit und Zeit, an mir zu arbeiten, mich wieder zu bekommen.

Es ist jetzt mehr als ein halbes Jahr her, dass ich die Intensivpflege verließ. Es kommt mir vor, als wären bereits Jahre vergangen.

Ich habe abgeschlossen mit dieser Zeit, das Schreiben hat mir dabei geholfen. Auch wenn ich selbst heute noch Momente habe in denen ich in alte Muster verfalle, in denen ich merke, dass die Seele länger braucht um zu gesunden als der Körper. Aber ich gebe mir diese Zeit, weiß das der wichtigste Schritt dafür getan ist.

Vor einem Jahr hätte ich nicht geglaubt, dass ich heute hier sitze und sagen kann, dass es mir gut geht und es auch wirklich so meine. In diesem Jahr hat sich in meinem Leben so viel verändert. Es hat sich so zum Guten verändert, dass ich endlich wieder froh bin ein Teil davon zu sein.

Ich dachte zu wissen wie es weiter geht.

Ich dachte zu wissen was ich will.

Ich dachte eine Vorstellung von meiner Zukunft zu haben.

Ich dachte, ich hätte keine andere Möglichkeit.

Dann hörte ich auf zu denken und tat einfach das was ich wollte und plötzlich kam alles ganz anders.

Danke.

Über Mich

Bereits ein Jahr bevor ich meine Schul-
ausbildung beendete war für mich klar, dass
ich im Herbst 1999 mit meiner Krankenpflegeausbildung anfangen würde. Während der
Schulzeit hatte ich mich durch Praktika im
Krankenhaus dazu entschieden diesen Weg
einzuschlagen und freute mich sehr auf den
Anfang meiner Ausbildung.
Die Krankenpflegeausbildung ging drei
Jahre. In dieser Zeit wurde ich in verschiedenen Bereichen der Krankenpflege eingesetzt,
um möglichst viele unterschiedliche Bereiche
kennenzulernen. Zu meinem Glück bekam
ich auch einen Einsatz in der Intensivpflege

und einen Schnuppereinsatz in der Anästhesie. Zunächst war ich mir nicht sicher ob mir diese Bereiche gefielen, aber nachdem die Einsätze beendet waren und ich wieder auf Normalstation eingesetzt wurde, war für mich die Entscheidung klar. Ich werde in die Intensivpflege gehen. Nach Beendigung meiner Ausbildung hatte ich eine Stelle auf einer interdisziplinären Intensivstation bekommen. So verließ ich im Herbst 2002 mein Ausbildungshaus und trat die neue Stelle in einem Düsseldorfer Krankenhaus an.

Der Anfang dort war schwer. Ich war gerade frisch examiniert, hatte noch keine nennenswerte Berufserfahrung und beschloss auf meiner Karriereleiter drei Stufen auf einmal zu nehmen, in dem ich direkt in der Intensivpflege anfing. Aber herausfordern konnte ich mich schon immer gut und es klappte.

Nach meiner Eingewöhnungsphase und einigen Monaten des Arbeitens bekam ich dann die Möglichkeit mit der Fachweiterbildung für Intensivpflege zu beginnen. Von Herbst 2004 bis Herbst 2006 absolvierte ich diese berufsbegleitend und durfte mich am Ende Fachgesundheits- und Krankenpflegerin für Intensivpflege und Anästhesie nennen.

Während der Weiterbildung wechselte ich von der Intensivpflege in die Anästhesie und blieb dort bis Ende 2007. Zu der Zeit entschied ich mich, nochmals das Krankenhaus zu wechseln, um weitere Berufserfahrung zu sammeln.

Mit dieser Entscheidung begann ich im Januar 2008 wieder in der Intensivpflege zu arbeiten, auf einer interdisziplinären Intensivstation. Dort begleitete ich nach einiger Zeit die Auszubildenden und Fachweiterbildungsteilnehmer und leitete sie in ihrer praktischen Ausbildung an. Dies machte mir viel Spaß und so entschied ich mich auch die Weiterbildung zur Praxisanleiterin zu machen, welche ich in 2010 begann und abschloss.

Die Arbeit in der Intensivpflege erfordert viel Kraft und Ausdauer, sowohl physischer als auch psychischer Natur. Irgendwann musst du dich entscheiden, bleibst du du selbst und veränderst dich oder verlierst du einen Teil von dir und bleibst.

Meine Entscheidung traf ich Ende 2011, zwölf Jahre nach Beginn meiner Ausbildung.

An meinem letzten Arbeitstag schloss ich die Tür des Krankenhauses hinter mir und schaute nicht mehr zurück.

www.ingramcontent.com/pod-product-compliance
Lightning Source LLC
Chambersburg PA
CBHW051102250726
48656CB00001B/438